A Constituição
Brasileira de
10 de Novembro
de 1937

FUNDAÇÃO EDITORA DA UNESP

Presidente do Conselho Curador
Marcos Macari

Diretor-Presidente
José Castilho Marques Neto

Editor-Executivo
Jézio Hernani Bomfim Gutierre

Conselho Editorial Acadêmico
Antonio Celso Ferreira
Cláudio Antonio Rabello Coelho
José Roberto Ernandes
Luiz Gonzaga Marchezan
Maria do Rosário Longo Mortatti
Maria Encarnação Beltrão Sposito
Mario Fernando Bolognesi
Paulo César Corrêa Borges
Roberto André Kraenkel
Sérgio Vicente Motta

Editores-Assistentes
Anderson Nobara
Denise Katchuian Dognini
Dida Bessana

PAULO SÉRGIO DA SILVA

A Constituição brasileira de 10 de novembro de 1937
Um retrato com luz e sombra

© 2006 Editora UNESP

Direitos de publicação reservados à:
Fundação Editora da UNESP (FEU)
Praça da Sé, 108
01001-900 – São Paulo – SP
Tel.: (0xx11) 3242-7171
Fax: (0xx11) 3242-7172
www.editoraunesp.com.br
feu@editora.unesp.br

CIP-Brasil. Catalogação na fonte
Sindicato Nacional dos Editores de Livros, RJ

S578c

Silva, Paulo Sérgio da, 1974-
A Constituição brasileira de 10 de novembro de 1937: um retrato com luz e sombra/Paulo Sérgio da Silva. — São Paulo: Editora UNESP, 2008.

Inclui bibliografia
ISBN 978-85-7139-821-4

1. Brasil. [Constituição (1937)]. 2. História constitucional. 3. Brasil — História. 4. Direito constitucional — Aspectos políticos. I. Título.

08-1658. CDU: 342

Este livro é publicado pelo projeto *Edição de Textos de Docentes e Pós-Graduados da UNESP* – Pró-Reitoria de Pós-Graduação da UNESP (PROPG) / Fundação Editora da UNESP (FEU)

Editora afiliada:

Asociación de Editoriales Universitarias
de América Latina y el Caribe

Associação Brasileira de
Editoras Universitárias

Dedico este trabalho a Maria Lauriana, minha mãe, como uma singela retribuição a todo o amor, carinho, apoio e dedicação, por ela devotados a minha pessoa.

A Ana Paula, minha irmã, pelo afeto, carinho e companheirismo, presença constante nos momentos de convivência.

A João Batista, meu pai, pelo estímulo silencioso.

Agradecimentos

Ao meu orientador, prof. dr. Héctor Luís Saint-Pierre, pelo estímulo e crédito constantes, assim como pelas lições de vida e experiências partilhadas, cujo somatório fez que a orientação possibilitasse, além de um exercício acadêmico, uma amizade pessoal.

À profª drª Suzeley Kalil Mathias, personalidade marcante aliada a uma solidariedade e um humanismo fantásticos.

Aos companheiros no ofício da convivência "republicana", verdadeiros artífices na arte de aplainar os dissabores da solidão e da distância dos familiares: Raimundo Agnello Pessoa, Francisca Deusimar e Ana Paula da Silva.

A(s)os amigos(as): Ezequiel Silva Souza, Izabel Maria Salgado Batista, Maristela Capel Cintra, Raquel Santana da Silva, Roginei Luis dos Santos e William Augusto Cintra Rodrigues.

Aos companheiros do Grupo GEDES, pelas discussões, embates e ensinamentos, na difícil arte do trabalho em grupo.

À Capes, pelo financiamento da pesquisa por meio da bolsa MS.

Sumário

Apresentação   11
Introdução: As interconexões entre Estado, política, direito e história: fundamentos de uma proposta de abordagem   15

Parte 1
O processo político de implantação do Estado Novo

1 Os antecedentes ao governo constitucional de 1934   29
2 O fechamento do governo constitucional e a elaboração do golpe   59
3 O golpe de 10 de novembro de 1937   97

Parte 2
A Constituição brasileira de 10 de novembro de 1937: um retrato com luz e sombra

4 A Constituição brasileira de 10 de novembro de 1937: forma de elaboração e estruturação   123
5 Os atributos do Executivo federal   141

6 Os direitos e as garantias individuais   163
7 Segurança e defesa: o campo constitucional das Forças Armadas e da Segurança Nacional   177

Considerações finais   185
Bibliografia   191

APRESENTAÇÃO

Em face do movimento dos Annales, a chamada História Política, que no século XIX e início do século XX havia desfrutado de prestígio inigualável, exercendo hegemonia sobre o restante da disciplina, viu a renovação da historiografia francesa ser feita, de modo geral, em reação a e contra ela. Aporte de todos os defeitos, contra os quais os "annalites" pretendiam definir-se, a História Política passou a ser denunciada como o contra-exemplo, sendo identificada, pelos partidários dos Annales, como o avesso da história ideal; ou seja, aquele tipo de história que não se atinha às estruturas, tendo os olhos voltados apenas para os acidentes e para as circunstâncias, análise das crises ministeriais, privilégios das rupturas – história factual – *événementille* (que fica na superfície das coisas e esquece de vincular os acontecimentos às suas causas profundas); presa à narrativa e ao relato linear, enquanto a real vocação do historiador seria a de interrogar o sentido dos fatos, formar hipóteses explicativas, dava uma atenção desmedida aos humores e aos dirigentes, enquanto o curso da história é movido por movimentos impessoais e anônimos, cuja amplitude transcende as escolhas individuais (Remond, 1996, p.16-7).

Considerando-se esse cenário, pareceria que a História Política estava irremediavelmente condenada a desaparecer, superada pelos novos parâmetros de construção do conhecimento histórico. Poder-se-ia imaginar que o estudo do político teria sido progressivamente abandonado, cedendo por completo lugar a novos interesses pelo econômico e pelo social, ou pelo cultural, abordado pela geração dos seguidores de Felipe Ariés, Fernand Braudel e Lucien Febvre? As coisas, porém, não se desenvolveram dessa forma.

Retirada da cena principal, a História Política persistiu, sob a forma narrativa, biográfica e psicológica: história pontilhada, campo de linearidade e do singular, manteve, no entanto, seu domínio e atestou sua longevidade ao fornecer, ainda hoje, referências para a periodização (Rosanvallon, 1996, p.28).

Alguns pioneiros, estimulados pelas críticas, deram início a um processo de reflexão e de novas práticas, que permitiram o atual pleno revigoramento da História Política. Com base na rediscussão dos conceitos clássicos e das práticas tradicionais, fustigou-se a imaginação e foram estimuladas novas iniciativas.

Enfim, houve um conjunto de reorientações disciplinares, autônomas de início, mas que desenhou pouco a pouco um espaço comum, desvelando campos de atuação e domínios de estudos para o campo historiográfico do político, evidenciados, por exemplo, na redescoberta e na renovação da história das idéias, na retomada da discussão filosófica acerca da História Política, na filosofia política do evento, no desenvolvimento de uma antropologia política e na renovação da Filosofia do Direito (Rosanvallon, 1996, p.30).

Nesse movimento de *renovação*, mais do que a simples recuperação, o contato com outras disciplinas, entre as quais a Ciência Política, desempenhou papel central. A partir daí, o tema da participação na vida política passou a ocupar espaço fundamental na história, proliferaram os estudos históricos sobre processos eleitorais, partidos políticos, grupos de pressão, opinião pública, relações internacionais e mídia. E mais, os contatos da História Política com a Sociologia, a Lingüística e a Antropologia resultaram em trabalhos acerca da sociabilidade, a história da cultura política e, ainda, em análise do discurso (Ferreira, 1996, p.6).

Em síntese, a História Política rejuvenescida encontra suas virtudes em um ambiente científico que as duas últimas décadas agitaram. Cada vez mais, diminui a porcentagem de pesquisadores que reduzem a explicação a infra-estruturas que governam a superestrutura; a maioria prefere discernir uma diversidade de setores – o cultural, o econômico, o social e o político – influenciando-se, mútua e desigualmente, segundo as conjunturas, embora preservem, simultaneamente, sua vida autônoma e seus dinamismos próprios, assim como sua especificidade. Grande parte dos historiadores do político entende que a política é um lugar de gestão do social e do econômico, mas a recíproca não é verdadeira. Nessa perspectiva, esses historiadores conseguem tirar partido dos procedimentos e descobertas de seus vizinhos. Sem querer opor uma contra-hierarquia às hierarquias obsoletas, recolocando a História Política no topo da pirâmide, o historiador do político está convicto de que sua produção pode contribuir para todos os setores da história (Remond, 1996, p.10). Verificou-se que o político tem características próprias que tornam inoperantes as análises reducionistas; que tem relações com os outros domínios: vincula-se, por diferentes espécies de laços, a todos os aspectos da vida coletiva. O político não constitui um setor separado, é uma modalidade da prática social (Remond, 1996, p.35-6).

Considerando-se a diversidade de temas e de formas de reabilitação e revalidação da atual História Política, o presente trabalho vem definir e, quiçá, desvendar uma nova e rica seara para esses estudos: o âmbito jurídico-político. Partindo da interdisciplinaridade entre História, Direito Constitucional, Filosofia do Direito, Teoria Geral do Estado, Filosofia e Ciência Política constrói-se um arcabouço teórico analítico e coloca-se sob análise um objeto inédito, a Constituição. Em outras palavras: defende-se a fecundidade e a validade de estudos sobre a Constituição e as estruturas e poder do Estado, como um fértil foco nas abordagens da História Política.

Como o próprio título sugere, o objeto central das análises aqui apresentadas é a Constituição brasileira de 10 de novembro de 1937, vista à luz do momento histórico em que surgiu e sob o enfoque normativo interno, em uma forma de abordagem que visa sublinhar a vinculação histórica da normatividade jurídica.

Ao correlacionar o jurídico ao histórico, no caso específico da Carta de 1937, é necessário retornar a 1930, ou seja, à chegada de Vargas ao poder, observando-se o desenrolar político que constituiu o cenário e o contexto do golpe de 1937 e da outorga da Constituição como síntese jurídica da proposta centralizadora objetivada e implantada a partir do Estado Novo.

O recorte temporal do trabalho inicia-se em 1930 e encerra-se no ato do golpe e na outorga da carta constitucional. Optou-se por desvendar as fundações da construção; a engenharia de um novo arranjo jurídico-político; a forma e o modo como foi concluída tal obra, a decoração final, isto é, o desenrolar e a efetividade dessa nova estrutura jurídico-política não foram tratados no presente estudo. De maneira mais direta, as análises presentes neste livro se encerram no momento de implantação do Estado e da outorga da Constituição de 10 de novembro de 1937. O funcionamento efetivo, as implicações práticas, a operacionalização, quer do novo regime, quer da nova carta, não serão abordados.

Nas análises da Constituição de 1937 foram escolhidas algumas esferas: o Executivo federal, cuja rede normativa deixa mais que evidente a centralização personalíssima, reflexo do projeto e do processo político presentes àquele momento no contexto nacional; os direitos e garantias individuais, como focos de contraponto ao centralismo autoritário, e o âmbito da segurança e da defesa do Estado, como mecanismo de garantias ao novo regime que se instalava.

Para fins de clareza na exposição, o texto foi dividido em duas partes. A primeira apresenta a contextualização histórica do processo político que conduziu à implantação do Estado Novo e à outorga da Constituição de 1937, e a segunda, a análise normativa do citado documento jurídico.

INTRODUÇÃO
AS INTERCONEXÕES ENTRE ESTADO, POLÍTICA, DIREITO E HISTÓRIA: FUNDAMENTOS DE UMA PROPOSTA DE ABORDAGEM

Deve-se considerar que a política é um agir contínuo, um desenrolar intermitente, "uma *atividade*, e não algo como um objeto material de um trabalho artístico, que pode existir mesmo sem que os indivíduos continuem atuando sobre ele" (Crick, 1985, p.9); a política é um fazer constante, uma *atividade complexa* efetivada por uma rede de relações de interesses particulares e coletivos, na qual emergem conflitos de interesses, condicionais e circunstanciais.

A ação política é sempre histórica, apoiada em um contexto que constitui seu ponto de partida e, em conseqüência, sob as *condições nas quais e sobre as quais* ela se exerce, o que faz com que a compreensão da ação política remeta necessariamente a uma compreensão histórica (Weil, 1990, p.19). É impossível considerar a política desvinculada da história, ou seja, descolada das diversas formas mediante as quais se estruturam a sociedade e o poder que a governa, pois "a conexão entre o histórico e o político resulta da própria natureza da sociedade, isto é, do conviver humano" (Voegelin, 1979, p.5), que permite ao homem ser racional, estabelecer uma variedade de agrupamentos (políticos) no tempo e no espaço (história humana).

Entre os diversos modos e formas de manifestação da ação política (sindicatos, partidos, associações etc.) cabe sublinhar sua influência e pertinência no âmbito das estruturas de poder do Estado. Há de se ter em mente que o Estado e o poder estatal não podem ser "pressupostos como algo encontrado", uniformes, estanques e imutáveis em si. Estado e poder estatal concretizam-se na realidade social à medida que por meio deles se busca sintetizar, "unir a pluralidade de interesses, aspirações e modos de comportar-se existentes na realidade da vida humana, para atuação e atividade uniforme, formando uma unidade política"; e lembre-se: uma pluralidade de interesses pertencentes à realidade social que nunca está definitivamente concluída e constituída; é eterna mutação (Hesse, 1992, p.29).

Considerando-se que a política é um agir contínuo, uma atividade ligada aos condicionantes históricos, que no domínio das estruturas de poder do Estado evidencia o embate e a acomodação da pluralidade de interesses sociais, cabe indagar: qual a finalidade, a sua razão de ser no contexto da estrutura estatal? "É a atividade social que se propõe a garantir pela força, fundada geralmente no Direito, a segurança externa e a concórdia interna de uma unidade política particular" (Lebrun, 1984, p.11).

Neste termos, é possível defender a seguinte idéia: a política, agir contínuo, uma atividade relacionada aos condicionantes históricos, no contexto das estruturas de poder do Estado, evidencia o embate e a acomodação da pluralidade de interesses sociais visando garantir a formação e a existência de determinada unidade política. Porém, tal afirmativa suscita, por sua vez, duas indagações: garantir com que meios e contra o que a formação e a unidade política? Ora, garantir pela força física coatora – forças armadas, polícia e um aparelho institucional disciplinar (Judiciário), pelo monopólio da violência (soberania estatal) – o Estado (unidade política) contra a supressão externa (conquista e/ou aniquilamento por outro Estado) e a desintegração interna.

Agora, se o Estado, *campo de atuação da ação política* – e deste ponto se considera questão incontroversa –, está indissociavelmente ligado à força, quais os fundamentos, os limites e os contornos da utilização desta por aquele? Aqui adentramos a esfera da ligação vital entre *Estado e Direito*.

Modernamente a lei (Direito) é a forma na qual o Estado existe e se pensa, pois a ele compete dar a forma da consciência aos objetivos últimos da comunidade (Estado) e porque nele se exprime a vida consciente do Estado, capaz de transformar todo o conjunto (Weil, 1990, p.192). Cada grupo social, cada comunidade possui um sistema de Direito, racional ou dogmatizado, costumeiro ou escrito, e sua função é sempre a mesma: limitar a violência que caracteriza a individualidade natural como tal (Weil, 1990, p.106) e, acrescente-se, efetivar a estruturação da própria vida desse grupo como um corpo de regras que visa manter a sobrevivência e a estrutura dessa comunidade.

O Direito,[1] do ponto de vista da sociedade política estatal moderna, pode ser definido como um complexo de normas destinadas

---

1 Cabe salientar que, a partir de Hobbes, a palavra "direito" toma duas acepções: a primeira refere-se ao direito natural, do qual o homem é portador no estado da natureza; a segunda, como direito do Estado, direito de império no Estado político.
Direito natural é entendido como o direito anterior à formação da comunidade estatal e que vige no "estado da natureza". Compreende o direito irrestrito de todos os homens sobre todas as coisas, limitado tão somente pela força individual, ou seja, pela violência potencial de que cada indivíduo dispõe para usufruir os meios e aquilo que julgar útil à sua satisfação pessoal, o que, generalizando, gera um "estado de guerra de todos contra todos".
Com o contrato social, adquiriu contornos a segunda acepção de direito – *direito do Estado* – diretamente vinculada à noção do Estado. Este irá compreender o direito de império no Estado político, criado graças à transferência do "direito natural" a uma instância supra-individual, o *Estado*, detentor doravante do poder soberano, cabendo-lhe dispor livremente do monopólio da violência para assegurar a sociabilidade humana, enquanto aos súditos competirá o dever de acatar as ordens emanadas da instância estatal (Hobbes, 1985).
Outra distinção, no campo do Direito, que merece ser lembrada é a feita por *Kant*, entre *direito privado* (vigente no estado da natureza) e *direito civil ou direito público* (vigente na sociedade civil). Para Kant, no estado da natureza, não é a experiência ou algum fato que origina a necessidade, a criação de uma coerção estatal, mas, sim, a necessidade da formação de uma idéia racional de Estado, ou seja, a constituição de uma ordem pública para que homens, nações e Estado, individualmente, possam ter a certeza de sua segurança contra a violência mútua, pois antes do referido ordenamento "cada um terá seu próprio direito de fazer *o que lhe parece justo e bom* para si, de maneira inteiramente

a permitir, garantir e preservar a existência de um grupo organizado, ditadas à realidade social pelo Estado, em virtude de sua soberania, cuja observância, na perspectiva dos destinatários das normas, é obrigatória sob pena de sanção punitiva (execução forçada, prisão, restrição de direitos etc.). Mas, o que é o *Estado*?[2] Segundo Hobbes,

> Pela arte criou-se o grande Leviatã a que se chama *Estado*, ou cidade, que não é senão um homem artificial, embora de maior estatura e força do que o homem natural, para cuja defesa e proteção foi projetado... E no qual a *soberania* é uma *alma* artificial, pois dá vida e movimento ao corpo inteiro; os *magistrados* e outros *funcionários* judiciais ou exe-

---

independente da opinião dos outros". Portanto, com vistas a buscar uma noção, uma idéia uniforme do conceito de justiça, os indivíduos devem "abandonar o estado de natureza no qual cada um segue a sua própria cabeça e unir-se a todos os demais. (com os quais entram em contato e aos quais não podem evitar), sujeitando-se a uma coerção pública legal externa. Portanto, o homem tem de ingressar num estado de sociedade, no qual o reconhecimento do que lhe pertence deve ser legalmente *estabelecido* e a ele assegurado por um poder que não é o seu próprio, mas um poder exterior". Com esse objetivo, os homens devem integrar-se numa sociedade civil para garantir e proteger legalmente as suas propriedades, por meio do direito público (KANT, apud WEFFORT, 1991).

2 É ponto pacífico que o uso da palavra "Estado" se impôs pela difusão e pelo prestígio do *Príncipe* de Maquiavel. Tal obra inicia-se com os dizeres: "Todos os estados, todos os domínios que imperaram sobre os homens foram e são ou repúblicas ou principados". Isto não quer dizer que a palavra tenha sido introduzida por Maquiavel. Minuciosas e amplas pesquisas sobre o uso de "Estado" na linguagem dos anos 1400 e 1500 mostram que a passagem do significado corrente do terno *status* de "situação" para "Estado" no sentido moderno da palavra já ocorrera, pelo isolamento do primeiro termo da expressão clássica *status rei publicae*.

O fato é que desde o livro O *príncipe* o termo "Estado" foi pouco a pouco substituindo, embora em um longo percurso, os termos tradicionais com que fora designada até então a máxima organização de um grupo de indivíduos sobre um território em virtude de um poder de comando: *civitas*, que traduzia o grego *pólis*, e *res publica* com o qual os escritores romanos designavam o conjunto das instituições políticas de Roma (BOBBIO, 1987, p.65-6).

cutivos; juntas artificiais; a *recompensa* e o *castigo* (pelos quais, ligadas ao trono da soberania, todas as juntas *e* membros são levados a cumprir o seu dever) são os *nervos*, que fazem o mesmo no corpo natural; a *riqueza* e a *prosperidade* de todos os membros individuais são a *força; salus populis* (a *segurança* do *povo*) é seu *objetivo*; os *conselheiros*, através dos quais todas as coisas que necessita saber lhe são sugeridas, são a *memória*; a *justiça* e as *leis*, uma *razão* e uma *vontade* artificiais; a *concórdia* é a *saúde*; a *sedição*, a *doença*; e a *guerra civil* é a *morte*. (Krischke,1993, p.61)

Na óptica hobbesiana, o *Estado* é a forma própria da sociabilidade humana, artificialmente estabelecido e criado pelos homens com vista à sua conservação comum, em face da insegurança, da instabilidade e do medo recíproco da morte presentes no Estado natural, ocasião na qual buscando evitar o "pior dos males", a aniquilação, os homens estabelecem uma instituição situada acima de cada um, o *Estado*, cuja função primordial é deixar os súditos, reunidos sob o poder estatal, ao abrigo da violência, tal qual fosse

uma pessoa de cujos atos uma grande multidão mediante pactos recíprocos uns com os outros foi instituída por cada um como autora, de modo a ela poder usar a força e os recursos de todos da maneira que considerar conveniente para assegurar a paz e a defesa comum. (Hobbes, 1985)

Kant deriva o Estado de um conceito universal de Direito,[3] entendendo-o como uma "união de um conjunto de homens sob as leis de direito", concebendo as diversas formas de Estados (formulações di-

---

3 Cabe lembrar que Kant vincula sua concepção de Direito a uma noção moral, vendo-o na sociedade civil, do ponto de vista das obrigações que cria, como "o conjunto das condições sobre as quais o arbítrio de uma pessoa pode ser combinado com o arbítrio de uma outra, segundo uma lei universal de liberdade". Já a liberdade, galgada à condição de direito original e universal dos homens fruto natural da sua humanidade, é entendida como "a independência de constrangimento exercido pelo arbítrio de outrem, mas que deve poder coexistir com a liberdade de cada um dos demais". (KANT, op. cit., p.72-3 e 74-5)

ferenciadas de leis de direito) como modos de leituras derivados de princípios puros de direito (Kant, apud Weffort, 1991, p.78-9).

De maneira mais pontual, à medida que os indivíduos, em uma conformação social, passam a relacionar-se em conformidade com um *direito público*, constituem uma sociedade civil, a qual "encarada como totalidade em relação aos seus próprios membros chamase Estado *(civitas)*". Ou, de maneira inversa, o Estado é a formalização de um direito público que possibilita a relação entre seus membros de modo a constituir uma sociedade civil (Kant, apud Weffort, 1991, p.77-8).

Para Weil,

> O Estado é a organização racional e razoável (moral) da comunidade; não lhe podendo atribuir outro objetivo senão a subsistência, como organização consciente, da comunidade histórica da qual ele é organização, comunidade que é o que é exatamente nesta forma de organização. (1990, p.185)

Nesse sentido, o *Estado* é entendido como a estruturação organizacional consciente na qual e pela qual um agrupamento de indivíduos (comunidade política) subsiste e se define como um agrupamento histórico.

Carl Schmitt, correlacionando o conceito de Estado ao do político, definiu o Estado como o

> status político de um povo organizado numa unidade estatal ... Estado, conforme o sentido da palavra e de acordo com o seu surgimento histórico, é um estado *(Zeustand)* peculiar de um povo, que fornece a medida em caso de decisão e, portanto, diante dos muitos status individuais e coletivos pensáveis, ou status pura e simplesmente. (1995, p.43)

Considerando traços as reflexões acima mencionadas, pode-se dizer que o Estado é a organização de uma comunidade política, criado e constituído por meio da elaboração de um *status* político (decisão política), é a ordenação organizacional que dá existência e forma a um agrupamento humano, sendo que, na contemporaneidade, essa estruturação organizacional está diretamente relacionada a uma *ordenação jurídica*. Lembramos que a sociedade, mostrando-se como uma ordem social (na qual se sobressai o âmbito do Direito), visa motivar certas condutas recíprocas dos seres humanos: fazer com que eles se abstenham de certos atos que, por alguma razão, são considerados nocivos à sociedade e fazer com que executem outros que, por algum motivo, são considerados úteis à sociedade. Todavia, cabe destacar, conforme já salientamos, que o Direito (componente intrínseco à ordem social), esse conjunto de regras, não é dado em abstrato, mas *é estabelecido, desejado e constituído por um conjunto de sujeitos históricos*. Desse modo,

> O problema do Estado e do Direito somente pode ser compreendido se considerar o dever ser jurídico, como *querer humano*, como objetivação de *um ato de decisão*, o qual, sem dúvida, enquanto ato criador de direito há de conter uma exigência ou uma norma. (Heller, 1988, p.207)

Portanto, ao considerarmos que as determinações do direito são fruto e/ou resultado do querer de uma vontade real expressa pelas estruturas do Estado, tal vontade deve ser entendida como produto de uma indubitável *realidade político-social*, a partir da qual tem existência. Basta lembrar que

> Ao aspecto formador de poder por parte do Direito positivado corresponde o *caráter criador do Direito pelo poder político; as normas jurídicas positivas não se estabelecem por si mesmas, mas são desejadas, estabelecidas e asseguradas por meio de disposições reais.* (Heller, 1988, p.235)

A positividade do Direito se dá por meio de atos voluntários que são o resultado de *decisões políticas*, as determinações das decisões políticas fundamentais, como decisões (resoluções concernentes ao presente e com freqüência para o futuro, para determinações da conformidade futura daquela comunidade) que estabelecem as orientações básicas do direito vigente na organização estatal, consistem na eleição, de uma dentre várias possibilidades políticas fundamentais, diante das quais se encontra a comunidade estatal (Loewenstein, 1964, p.632). Se entendermos que no seio da história se desenvolve o conjunto da ação política presente, entre outros domínios, na estrutura do Estado, e que tem neste uma das áreas essenciais (a esfera do Direito), postula-se, a partir desse ponto, que a interação entre *Estado*, *Direito* e *Política* tem como âmbito privilegiado o campo do Direito Constitucional, mais especificamente, as *Constituições*.

Devemos lembrar que, na efetivação primordial das tarefas do Estado – proteção da comunidade contra os perigos que a ameaçam, seja do interior (decomposição), seja do exterior (opressão ou supressão por outros Estados) – a ação política apresenta, por conseqüência, dois aspectos fundamentais e tradicionalmente designados como política externa e política interna (Weil, 1990, p.186).

No âmbito interno, o Estado estabelece o vínculo político e jurídico que o liga aos indivíduos que lhes estão submetidos; neste particular, o Direito Constitucional é a sistematização, por excelência, do Direito Público Interno. É o conjunto normativo no qual e pelo qual se estabelece a relação entre governantes e governados, disciplinam-se os órgãos, fundamenta-se a autoridade e regulamenta-se o exercício do Direito, buscando criar um equilíbrio (estrutura de ação e distribuição de poderes e funções) que seja permanente e estável (permita a sociabilidade e a sobrevivência do Estado) (Carreiro, s.d., p.227).

O objeto do Direito Constitucional é o estudo da organização de um Estado específico, como fato histórico, singular, concreto, sendo a sua área de atuação a do enquadramento jurídico dos fenômenos políticos, e o seu sentido mais profundo, e por assim dizer, sua missão, organizar nos marcos dos Estados-nações a coexistência entre poder e liberdade (Hauriou, 1971, p.17 e 36).

Por sua vez, a vinculação estreita entre Estado, Política e Direito no ramo do Direito Constitucional evidencia-se nas determinações expressas e contidas na *Constituição*, que pode ser definida como o estatuto organizativo das estruturas do Estado (poderes, órgãos e competências) e da sociedade civil (formas de representação, direitos e garantias, deveres etc.), emergente e imersa no contexto histórico político do qual surge e no qual deve atuar. Ou, em outras palavras, um conjunto sistemático normativo racional de uma unidade política estatal no qual estão expressos sua estruturação primordial, seus fins e sua identidade.

A positivação das normas constitucionais exige mediações e valorações, sendo um fenômeno em que todos os valores, regras e expectativas de comportamento na sociedade têm de ser filtrados, mediante um processo decisório, antes de adquirirem validade jurídica. A Constituição é o resultado da vontade de um poder constituinte, cujas conformações, extensão e amplitude serão sempre questões reais de "poder", de "força" ou de "autoridade política" relacionada a indivíduos ou grupos em condições de, em uma determinada situação concreta, criar, garantir ou eliminar uma Constituição, entendida aqui como lei fundamental da comunidade política.

A vontade que estabelece a nova Constituição é imperativa naquele momento, não por meio do Direito – até porque a criação de uma nova carta, no seu sentido lato, implica, em geral, a suspensão da Constituição que se substitui –, mas pela legitimidade (obtida pelo consenso ou pela força) do poder daquele que institui a nova ordem indissociável do processo político, quer seja uma assembléia, um conselho, ou até mesmo no caos de imposição em situações de golpes e/ou mobilização militar. Em suma, em dado momento um poder político subverte e reforma o jurídico, e recoloca os marcos constitucionais.

Todavia, apesar de evidente, esta *ligação entre História, Política, Estado e Direito,* presente no âmbito do Direito Constitucional, tem sido *negligenciada pelos historiadores.* E é essa contribuição, ou essa viabilidade, que este trabalho pretende trazer para o campo da historiografia.

A combinação entre as problemáticas política e jurídica é um caminho fértil para aprofundar as reflexões em ambos os campos. Na Itália, este foi o caminho de Norberto Bobbio, como tem sido o de

Luigui Bargolini e, em dias passados, o de Pietro Calamandrei. Na Alemanha, essa trilha foi seguida por Nikhos Luhmann, entre outros. No Brasil, foi a orientação de Pontes de Miranda, Miguel Reale, Afonso Arinos, Paulo Bonavides e Tércio Ferraz Júnior, para citar apenas alguns (Saldanha, 1995, p.3-4).

Deve-se lembrar que o *Direito* é caracterizado por dois traços correspondentes, um a seu fim, outro ao material humano com o qual se relaciona. Ele é *racional* pelo seu fim, que é a própria racionalidade – estruturação normológica da vida em sociedade; mas também é *histórico*, porque deve levar em conta o caráter historicamente empírico do material humano a ser formado e transformado por ele (Weil, 1990, p.107). Ele é Direito para seres historicamente determinados, condicionados por motivações, circunstâncias e em contextos históricos específicos. Ou ainda, é necessário considerar que, conectado ao aspecto normatizador e regulamentador das relações sociais,

> O Direito é antes de qualquer coisa *fato social*, realidade psicossocial em perene transformação, haja vista o fato de as *normas* não subsistirem, nem serem possíveis sem a realidade de que resultam como conclusões necessárias (*historicidade* – grifo do autor) que se impõem a todos, governantes e governados. (Reale, 1977, p.5)

Portanto, o substrato histórico do Direito é *conseqüência* e não *causa* da organização jurídica da sociedade. Ele é histórico *não por si, nem em si*, mas graças à especificidade do agrupamento social que o cria, mantém e sustenta em um dado contexto e em uma determinada época, e lhe fornece substância e orientação (Carreiro, s.d., p.59).

O Direito não é determinado idealmente por valores supra-históricos, desprendido da existência e da atividade humana, existente em si e por si, ou nas objetivações de uma "ordem de valores" encontrada. Ao contrário, o Direito, como ordem histórica, é criado pela atividade humana, posto em vigor, conservado e aperfeiçoado. Somente como direito histórico – consciente ou inconscientemente – passa à conduta humana, ganha vida e se torna existente (Hesse, op. cit., p.35-6).

E seria de maneira diversa essa vital ligação entre Direito, História, Estado e Política no campo constitucional? Do ponto de vista aqui defendido, de maneira alguma! A discussão acerca da rede normativa constitucional deverá sempre se reportar a uma percepção de seus condicionantes históricos (Ferraz, 1996, p.38). E mais: toda descrição da organização constitucional de um Estado, toda análise de sua vida política, todo estudo do complexo tecido de forças que orienta seu destino conduzem sempre a um exame da sua Constituição. Haja vista que, à luz das regras que a Constituição enuncia, pode-se explicar o funcionamento dos poderes públicos, assim como identificar as oportunidades que ela oferece aos poderes de fato para utilizar em seu proveito os mecanismos estatais. Medir-se-ão, em face da Constituição, os desvios que a vida política impuser às suas disposições, marcando o sentido de evolução do regime; tomar-se-ão os princípios de filosofia política e social que ela consagra para identificar os valores dispostos, propostos como guias aos comportamentos da coletividade (Burdeau, 1977, p.9).

A história das constituições pode trazer à luz a existência de uma história das escolhas políticas fundamentais (decisão política acerca do modo de ser do Estado), da qual se pode deduzir que a natureza das instituições (ou seja, do próprio Estado de Direito que naquele momento é definido) depende da quantidade de poder (relações e ação política) existente de fato entre operadores (legisladores) de certo ambiente (país) e seus cidadãos, resultante da natureza das relações que ocorreram entre ambos (historicidade) (Semana, 1981, p.96-7).

O problema central de uma Constituição reconduz à questão nuclear da Teoria do Estado e da Filosofia do Direito: a legitimação e legitimidade de uma ordem constitucional no duplo sentido da justificação/explicação de uma ordem de domínio (estrutura de domínio) e da fundamentação última da ordem normativa. O problema da legitimação não consiste apenas em um debate filosófico e jurídico sobre a fundamentação última das normas, mas também na justificação da existência de um "poder ou domínio" sobre os homens e a aceitação desse domínio por parte destes, ou seja, a *Política*. A insuficiência do fundamento jurídico da "legitimação" desloca este problema para o terreno da Sociologia do domínio, historicamente compreendida. Isso seria a base operatória para uma teoria sócio-histórica da Constituição que, simultaneamente, se compreenderia (ou autocompreenderia) como uma *teoria do Direito Constitucional empírico*, à medida que busque "revelar" como a legitimação se desenvolveu, em uma perspectiva histórica, ancorada em práticas juridicamente reguladas (Canotilho, 1988, p.13-7). Portanto, um dos temas centrais da teoria da Constituição é a sua "localização temporal", sua "entrada no tempo", sua "abertura ao tempo", em suma, sua historicidade.

A questão da historicidade das Constituições reconduz ao problema do homem como sujeito e objeto da história, à sua essência social, à "dinâmica" da própria vida em sua temporalidade, transição, mutabilidade e contingência (Canotilho, 1988, p.131-2). Assim,

> Em vez de colocar a historicidade no Direito, seria talvez mais correto colocar o *Direito na Sociedade*. E, conseqüentemente, também a historicidade no "coração da Sociedade", de uma sociedade que se "produz". Dito de outra maneira, o Direito não tem qualquer historicidade específica; a historicidade do Direito insere-se na historicidade global da sociedade. (Canotilho, 1988, p.16)

A historicidade, como categoria do Direito Constitucional, implica colocar "a consciência humana" no centro da teoria da Constituição (e no centro da Teoria do Estado e do Direito), de forma a poder afirmar que também aqui – no plano constitucional – se deve falar de "ser história" e não apenas de "ter história". A mudança de "ter história" para "ser história" só se compreende quando a "História aceitar a historicidade", isto é, quando captar o "sentido histórico do Direito" como "realização humana na História", não o dissolvendo em uma fria relação sujeito/objeto (Canotilho, 1988, p.131-2).

PARTE 1
O PROCESSO POLÍTICO DE IMPLANTAÇÃO DO ESTADO NOVO

1
Os antecedentes ao governo constitucional de 1934

O fim da república oligárquica e os novos arranjos sociais, políticos e culturais

Construída a partir da crise política e institucional monárquica, a República brasileira trouxe, em seu seio, a formação de um sistema político indissociavelmente ligado às preocupações e à defesa de interesses econômicos, sociais e políticos oligárquicos, consolidado no regime de 1889, revelando um íntimo intercâmbio entre o governo central e os interesses estaduais.

A Primeira República alicerçada na Constituição de 1891 teve, entre seus mecanismos de estabilidade, a "política dos governadores", acordo em que o governo federal garantia ampla autonomia aos grupos oligárquicos dominantes de cada Estado, e, em troca, as bancadas estaduais davam-lhe apoio político no Congresso, gerando assim o enfraquecimento da oposição, o império da fraude eleitoral e a exclusão da maior parte da população de qualquer participação política. O controle político-oligárquico era complementado pelo voto aberto e o reconhecimento dos candidatos eleitos pelo próprio Poder Legislativo, o qual, sob a influência do presidente e dos governadores, procedia à "degola" dos candidatos indesejáveis.[1] O funcionamento estável desse sistema assentava-se, por um lado, na estabilidade da liderança dos grupos hegemônicos nos grandes Estados, ligados aos interesses econômicos poderosos na esfera nacional, e, por outro, na influência que o apoio do governo federal fornecia às oligarquias dominantes obtendo, em termos locais, os favores dos "coronéis",[2] nos pleitos (Fritsch, 1992, p.36-7).

Entretanto, a "política dos governadores" não impedia a luta dos grupos oligárquicos pela presidência da República. Amenizando tal disputa, efetivou-se um acordo informal, a "política do café-com-leite", corporificada pelo revezamento de São Paulo e Minas Gerais na chefia do Poder Executivo. Nesse jogo de cartas marcadas, os Estados de menor força política ficavam praticamente à margem; já outros de importância mediana, como Rio Grande do Sul, Rio de Janeiro, Pernambuco e Bahia, buscavam ocupar espaços, atuando individualmente ou em conjunto.

Todavia, se a política do "café-com-leite" possibilitava a proeminência dos interesses mineiros e paulistas, ela apresentava alguns senões. Retirava-se da União o poder de conduzir os destinos da República, de modo a integrar as unidades da federação em um projeto nacional, com vista a equacionar os problemas perante os quais se defrontava a sociedade (Penna, 1999, p.89), ao mesmo tempo que formavam alguns pontos de instabilidade: o primeiro pomo da discórdia era representado pela possibilidade de divergências entre as elites políticas dos Estados dominantes – São Paulo e Minas Gerais – sobre os aspectos fundamentais da economia federal; discórdias

---

1 Cf. portal www.cpdoc.com.br, acessado em: novembro de 2001.
2 Como informa o trabalho de Victor Nunes Leal, o coronel era o elo de coesão política local do sistema oligárquico eletivo, definido na constituição de 1891. As relações pessoais do "coronel" produziam a clientela política e constituíam um verdadeiro "curral eleitoral", garantindo os votos de seus dependentes para quem ele determinasse. Conforme destaca o autor, o coronelismo e as oligarquias configuravam um panorama político cujo objetivo foi transformar a república em um instrumento de seus interesses, mediante a troca de favores pessoais. Cf. LEAL, V. N., 1997.

que não foram pouco freqüentes durante a década de 1920, especialmente em relação à condução das políticas monetária e cambial e de defesa do café. Outra fonte de instabilidade era a dificuldade ocasional de conter os Estados "intermediários", detentores de substancial poder de representação política e peso econômico, como Rio de Janeiro, Rio Grande do Sul, Bahia e Pernambuco, que nutriam ambições de ter voz mais ativa no governo federal. Tal problema freqüentemente ocasionou atritos nas negociações que ocorriam a cada quatro anos entre as oligarquias dominantes nos Estados, visando obter consenso na escolha do candidato presidencial. Por último, havia o protesto insistentemente veiculado por uma minoria de políticos dissidentes, intelectuais e setores da imprensa independente contra a natureza antidemocrática e centralizadora do regime, inconformismo que encontrou crescente ressonância nas classes médias urbanas emergentes e nas camadas mais jovens da oficialidade das Forças Armadas, em especial na década de 1920 (Fritsch, op. cit., p.36-7).

Diante dessas contradições foi se configurando, paulatinamente, o declínio da política oligárquica. Entre os fatores presentes nesse processo de refluxo, a partir da década de 1920, conta-se o incipiente crescimento de alguns grupos, sobretudo o Exército e as dissidências da elite política, os quais passaram a influenciar a política do país, haja vista que para tais grupos, ausentes das decisões políticas, uma vez que estas eram tomadas pelos líderes políticos das facções estaduais, as eleições tinham um sentido meramente homologatório e, diante desse fato, nutriam anseios de uma participação política efetiva (Penna, op. cit., p.93-4).

A oficialidade do Exército catalisou os descontentamentos expressos pelas camadas médias urbanas e assumiu o papel de força política organizada, em oposição à república oligárquica, por meio do movimento conhecido como "tenentismo",[3] o qual, além de uni-

---

3 Entende-se por "tenentismo" o conjunto de revoltas que marcaram a participação de jovens oficiais no processo político do Brasil, ao longo da década de 1920.

ficar inconformismos das camadas médias, de onde se originavam os "tenentes", expressava um sentimento de insatisfação com os rumos da política nacional e revelava, do mesmo modo, a indignação dos oficiais das Forças Armadas em face do estado anacrônico em que se encontrava essa instituição, defasada técnica e militarmente (Penna, op. cit., p.153-4).

No aspecto socioeconômico, a eclosão do conflito mundial de 1914-18 resultou em drástica diminuição do fluxo internacional de comércio, que, por um lado, prejudicou as exportações do café brasileiro e, por outro, favoreceu a indústria nacional, que apresentou taxas anuais de crescimento de 8,5%, durante o período de conflito, embora persistisse a carência de equipamentos e máquinas, em decorrência da falta de indústrias de base, deficiência suprida somente na década de 1920, graças ao início da produção de aço no país pela siderúrgica Belgo-Mineira (1924) e a produção de cimento pela Companhia de Cimento Portland (1926). No primeiro momento houve uma relação simbiótica entre café e indústria [com a valorização do café, em 1921-24, foram efetuados importantes investimentos em maquinaria, levando à modernização das indústrias] refletida, até mesmo, na união das famílias por casamentos ou no duplo papel do cafeicultor-industrial. Todavia,

---

Estimulados pela reinante corrupção, pelo descaso e pela subserviência das elites, os "tenentes" formulam a sua ação política, caracteristicamente austera, caminhando para a radicalização política. Incorporam as teses nacionalistas sem, contudo, constituir um corpo doutrinário muito sólido. Ademais, o liberalismo por eles absorvido era permeado por uma indispensável concepção elitista e autoritária; julgavam-se responsáveis pela nação e os únicos capazes de reparar os desvios e desmandos existentes.

Postando-se como vanguardista na luta antioligárquica, o movimento tenentista, entretanto, foi se ressentindo de maior e melhor organização. De início, a tática de ação direta, como em 1922 no Rio e em 1924 em São Paulo, foi sendo abandonada e, por ocasião da marcha da Coluna Miguel Costa Prestes, ficou evidenciado que uma eficiente disciplina militar seria incompleta se não se respaldasse em uma consistente base de apoio político; mas essa debilidade política era conseqüência da própria perspectiva do movimento. Cf. PENNA, Lincoln de Abreu, op.cit. p.153-4 e PESAVENTO, Sandra Jatahy, s.d., p.35-6.

a partir de determinado momento [mais especificamente de 1924 a 1929, em virtude das políticas cambiais, retomou-se o fluxo da importação, gerando um processo de desaceleração da produção industrial] passaram a ocorrer disputas entre fazendeiros e industriais, sobretudo quanto à delicada questão da elevação de tarifas.[4] Paulatinamente, a instabilidade econômica,[5] gerada pelos sucessivos choques externos que se iniciam em 1914, estendendo-se pela primeira metade dos anos 1920, minou as bases das alianças políticas tradicionais entre os grandes Estados, do mesmo modo que estímulos adicionais das ideologias emergentes na Europa do pós-guerra debilitam a crença nas vantagens do liberalismo econômico. Dessa forma, quando, após um breve interlúdio de estabilidade, o país recebeu o impacto avassalador da crise internacional de 1929 – complicado aqui pela superprodução de café, ampliando enormemente os efeitos negativos generalizados da Grande Depressão sobre as economias exportadoras primárias – não foi somente o sistema econômico que se desintegrou, mas todo o sistema político se esvaiu (Fritsch, op. cit., p.31).

Em síntese, no decorrer da década de 1920, desestruturou-se progressivamente o sistema sócio-político-econômico sob o qual repousavam as estruturas da República Velha. O padrão de desenvolvimento capitalista, baseado na monocultura e na agroexportação, inviabilizou-se como forma de acumulação. Desfez-se o consenso

---

4 Cf portal www.cpdoc.com.br acessado em: novembro de 2001.
5 Segundo Fristch, a política econômica da Primeira República apresentava um constante e incipiente problema representado pelo isolamento da economia dos profundos desequilíbrios macroeconômicos provocados por alterações bruscas na posição externa a que o Brasil estava sujeito por razões estruturais.
Nesse contexto, a primária economia agroexportadora brasileira, do início do século, era vulnerável a crises e choques oriundos das periódicas flutuações abruptas da oferta de café, resultante do efeito de variações acerca do volume produzido. E por choques provenientes de perturbações na economia internacional, notadamente as flutuações experimentadas pela demanda nos países centrais e as bruscas descontinuidades do fluxo de capital entre o centro e a periferia que foram especialmente freqüentes durante as três primeiras décadas do século. FRITSCH, W., op.cit. ABREU, M. P., op.cit., p.35.

oligárquico que sustentava o predomínio dos interesses dos cafeicultores sobre a nação, observou-se a crescente urbanização e o início de um incipiente processo de industrialização no cenário nacional, até então predominantemente agrário, ao passo que os inconformismos contra o regime começavam a percorrer a sociedade brasileira, eclodindo em manifestações políticas, como o tenentismo.

Politicamente, a inabilidade das elites brasileiras, profundamente conservadoras, concorreu para a superação das práticas políticas excludentes e, em conseqüência, para o próprio fim do sistema em vigor. Tal crise atingiu, politicamente, seu ponto de maior inflexão com a pressão exercida pelos militares, vinculados às revoltas do tenentismo, e pela desagregação da política de equilíbrio, exercitadas ao longo da política dos governadores.

No campo intelectual e artístico, as primeiras décadas do século XX, caracterizadas, de um lado, por indícios de industrialização, urbanização e pelo crescimento do proletariado e do empresariado e, por outro, pela permanência da tradição colonialista, dos latifúndios, do sistema oligárquico e do desenvolvimento desigual das regiões, trouxeram mudanças nos valores da cultura cotidiana, e nos próprios padrões da comunicação social ganharam eco os ares do moderno. As idéias de simultaneidade, concisão, fragmentação, velocidade e arrojo passaram a fazer parte do cenário artístico e intelectual brasileiro. As Kodaks, o cinema e as revistas ilustradas captavam um mundo feito de imagens e de velocidade, ao mesmo tempo em que pairava no ar uma ânsia por descobrir o próprio Brasil. A tarefa que se impunha era a de construir a nação, e isso significava também repensar a cultura, recuperar as tradições, os costumes e as etnias que haviam permanecido praticamente ignorados pelas elites; a identidade nacional vinha em primeiro plano.[6]

Em tal efervescência cultural, o modernismo foi um importante produtor de imagens e reflexões acerca da nacionalidade brasileira, embora não homogêneas, e por vezes contrastantes entre si; sua lei-

---

6 Cf. portal www.cpdoc.com.br, acessado em: novembro de 2001.

tura da realidade e aspirações nacionais tem naquele momento uma importância inegável. Relevância expressa, por exemplo, na Semana de Arte Moderna, realizada em São Paulo, no ano de 1922, uma verdadeira "teatralização" da modernidade, ou ainda, nas reflexões e produção artísticas dos modernos: Mário de Andrade [defensor da integração dinâmica do passado ao presente, vendo o passado como "lição para meditar, não para reproduzir" e cujas obras-primas foram *Paulicéia desvairada* (1922) e *Macunaíma* (1928)] e Oswald de Andrade [propunha uma síntese entre o culto e o popular na cultura nacional, com destaque para as criações: "Manifesto pau-brasil" (1924) e "Manifesto antropofágico" (1928)].[7]

A chegada de Vargas ao poder

Ao final da década de 1920, por ocasião da sucessão presidencial, a crise política ganhou fôlego adquirindo novos contornos em virtude de Washington Luís indicar Júlio Prestes como candidato governista à sucessão presidencial, em lugar do mineiro Antônio Carlos. Interessava ao então presidente da República que o sucessor mantivesse seu plano de estabilização financeira. Entretanto, o posicionamento de Washington Luís significou o rompimento de uma aliança, presente há décadas na política brasileira. O resultado direto do rompimento do pacto Minas/São Paulo foi a aglutinação da oposição pela Aliança Liberal,[8] e o subseqüente lançamento da candidatura de Getúlio Vargas[9] para a presidência e do paraibano João

---

7 Ibidem.
8 A plataforma da Aliança Liberal englobava propostas referentes à diversificação da estrutura produtiva e de exportação, postulava o fim das fraudes eleitorais e o enfrentamento das questões sociais pelo Estado. Defendia a idéia de que a nação brasileira, conjunto de todos os Estados e forças sociais, não podia ser sacrificada em função do interesse dos cafeicultores, imposta mediante o controle oligárquico do Estado. PESAVENTO, S. J., op.cit., p.38.
9 Vargas nasceu em uma rica família de estancieiros, no Rio Grande do Sul, perto da fronteira com a Argentina. Primeiro, fez carreira militar; após um breve es-

Pessoa para vice, com o apoio da oligarquia mineira, do Partido Democrático Paulista e de outros setores civis e militares.[10] Nas eleições realizadas em março de 1930 venceu o candidato presidencial, Júlio Prestes. Entretanto, se parte da oposição acatou os resultados, outra, ligada aos "tenentes" e aos setores mais exaltados da oligarquia, iniciou articulações visando um levante armado;[11] de março a outubro, foram sete meses de tensão política que resultou na derrubada de Washington Luís.

tágio como cadete, passou a estudar Direito, chegando a exercer uma curta carreira como advogado no Rio Grande do Sul. Posteriormente, entrou para a política estadual e, em 1924, foi eleito deputado federal. No Rio de Janeiro, fez carreira política, ocupando o Ministério da Fazenda, no governo Washington Luís. Em 1926, foi chamado de volta ao Rio Grande do Sul, como governador, sob a liderança de Borges de Medeiros e, ao assumir o governo de seu Estado natal, em pouco tempo demonstrou uma habilidade extraordinária em unir facções políticas que lá guerreavam (SKIDMORE, 1976, p.26-7).

Compete salientar que a Vargas, figura emblemática do Brasil republicano, associam-se imagens as mais contraditórias e polares, variando da exaltação de sua "personalidade conciliadora, com alta capacidade de diálogo e de articulação política, destacando sua grande habilidade para construir consensos e harmonizar interesses", à não menos freqüente "imagem do líder autoritário, centralizador, avesso à consulta e, sobretudo, a dividir o poder". Eli Diniz faz opção pela segunda vertente, entendendo Vargas como um "político maquiavélico, especialista na arte de dissimular, de esconder suas reais intenções e manipular as situações a seu favor, enfim um mestre no emprego da astúcia e da força ao sabor de suas conveniências políticas". DINIZ, E. apud PANDOLFI, D., 1999, p.21.

Vargas foi o homem astuto que soube ajustar seus métodos de ação às novas tendências reveladas e as quais operacionalizou e manipulou no cenário de degradação do sistema sociopolítico econômico agroexportador, vigente a época, por meio de uma reorientação profunda de metas sociais e valores políticos. Como uma lente convergente, Vargas foi o centro aglutinador de adesões e resistências, em um jogo complexo de acomodações e remanejamentos. Sua ação política o constitui como *locus* de arbitragem e integração dos conflitos e fazem dele, simultânea e paradoxalmente, um centro propulsor de unidade e de fragmentação (CAMARGO, A., apud D'ARAUJO, 1999).

10 Cf. portal www.cpdoc.com.br , acessado em: novembro de 2001.
11 Jovens radicais, como Oswaldo Aranha e Lindolfo Collor, entraram em contato com líderes descontentes da Aliança Liberal, em Minas Gerais e na Paraíba,

Na articulação do levante, alinharam-se e destacaram-se jovens políticos, entre os quais: Getúlio Vargas, Oswaldo Aranha, Flores da Cunha, Lindolfo Collor, João Batista Luzardo, João Neves da Fontoura, Virgílio de Melo Franco, Maurício Cardoso e Francisco Campos, os quais pretendiam, além de derrubar o governo, reformular o sistema político vigente. Das hostes do tenentismo vieram Juarez Távora, João Alberto e Miguel Costa, com a meta particular de introduzir reformas sociais e centralizar o poder. Por fim, completavam o grupo, dissidentes da velha oligarquia como Arthur Bernardes, Venceslau Brás, Afrânio de Melo Franco, Antônio Carlos Ribeiro de Andrada e João Pessoa, entre outros, que viam no movimento um meio de aumentar seu poder pessoal.[12]

Prosseguiam infindáveis negociações preliminares, retardando as ações militares dos "revolucionários" contra o governo de Washington Luís. Todavia, em 26 de julho, o inesperado assassinato de João Pessoa,[13] presidente da Paraíba e candidato derrotado à vice-presidência na chapa da Aliança Liberal, estimulou as adesões e acelerou os preparativos para a deflagração da revolução. Alçado à condição de mártir da revolução, João Pessoa foi enterrado no Rio de Janeiro em um funeral que provocou grande comoção popular, levando setores do Exército, antes reticentes, a apoiar a causa revolucionária. Enfim, em 3 de outubro, sob a liderança civil do gaúcho Getúlio Vargas e sob a chefia militar do tenente-coronel Góes Mon-

---

visando articular o golpe. Todavia, os patriarcas políticos do Rio Grande do Sul (Borges de Medeiros) e Minas Gerais (Antônio Carlos) mostraram-se cautelosos, a princípio (SKIDMORE, op.cit., p.23).

12 Cf. portal www.cpdoc.com.br acessado em: novembro de 2001.

13 Com o assassinato de João Pessoa, do Estado da Paraíba, ex-candidato a vice-presidente na chapa aliancista, pelo filho de um exacerbado inimigo político local, em 26 de julho, a situação chegou à explosão. Esse acontecimento catalisou a oposição em relação a Washington Luís, que havia apoiado o grupo político ao qual estava ligado o assassino; os conspiradores indecisos foram engolfados pela onda de indignação levantada pelos radicais, de maneira a criar uma atmosfera revolucionária, dando-se início ao levante político militar em 3 de outubro de 1930 (SKIDMORE, op.cit., p.23).

teiro, começaram as diversas ações militares, dando início à revolução simultaneamente no Rio Grande do Sul, em Minas Gerais e no Nordeste, os três pilares do movimento.[14] À medida que os rebeldes marchavam para o Rio de Janeiro, vindos do sul (Rio Grande do Sul), do norte (Paraíba) e do oeste (Minas Gerais), Washington Luís foi se enfraquecendo, a ponto de perder o comando militar do governo (Skidmore, op. cit., p.23-5). Em face da ocupação de capitais estratégicas, como Porto Alegre e Belo Horizonte, e de diversas cidades do Nordeste, e em virtude do deslocamento de forças revolucionárias gaúchas em direção a São Paulo, um grupo de oficiais generais, liderado por Augusto Tasso Fragoso, deu um ultimato ao presidente Washington Luís para que renunciasse, orientação que este não acatou. Desta feita, em 24 de outubro, os militares cercaram o Palácio da Guanabara, prenderam o presidente da República, e montaram uma Junta Provisória de Governo, composta pelos generais Tasso Fragoso e João de Deus Mena Barreto e pelo almirante Isaías de Noronha. Diante das pressões das forças revolucionárias, a Junta finalmente decidiu transmitir o poder a Getúlio Vargas e, em um gesto simbólico, representando a tomada do poder, os revolucionários gaúchos chegaram ao Rio e amarraram seus cavalos no Obelisco da avenida Rio Branco. Em 3 de novembro, chegava ao fim a Primeira República e começava um novo período da história política brasileira, com Getúlio Vargas à frente de um Governo Provisório.[15]

Da decepção de Minas Gerais, de seu partido republicano, de seu governador Antônio Carlos, nasceram a intriga, a manobra e os ardis cindindo os dois parceiros comandantes da República. Simultaneamente, no "Rio Grande do Sul, sempre arredio à partilha exclusivista do prêmio máximo, viu-se despontar o mais arguto, o mais ágil, o mais desconcertante dos estrategistas desse final republicano, Getúlio Vargas". Os grupos dirigentes de Minas Gerais, Rio

---

14 Cf portal www.cpdoc.com.br, acessado em: novembro de 2001.
15 Cf. portal www.cpdoc.com.br, acessado em: novembro de 2001.

Grande do Sul e Paraíba uniram-se às oposições locais, sobretudo às do Partido Democrático de São Paulo, do Partido Libertador e do Distrito Federal, assim como aos tenentes, integrados sob o lema da bandeira liberal, tendo à frente Getúlio Vargas que, se sobrepondo às escaramuças dos bastidores, foi elevado à condição de candidato presidencial da aliança estabelecida (Faoro, 2000, p.308-9). Enfim, rompido o equilíbrio do regime oligárquico, assentado no eixo estabelecido entre os Estados de São Paulo e Minas Gerais, impôs-se a necessidade de uma nova estruturação do poder (Weffort, 1986, p.49-51).

Pelo Decreto n° 19.398, de 11 de novembro de 1930, o Governo Provisório atribuiu-se o exercício discricionário – "em toda a plenitude das funções" – do Poder Executivo e do Legislativo, até que uma Assembléia Constituinte, a ser eleita no futuro, reorganizasse constitucionalmente o país. Ao assumir o governo, Getúlio Vargas ordenou imediatamente a ocupação por tropas federais de vários Estados da União, depôs todos os governadores, com exceção de Minas Gerais, nomeando interventores militares para substituí-los, e fechou o Congresso Nacional, as assembléias estaduais e as câmaras municipais. As milícias estaduais, conhecidas como Forças Públicas, auxiliadas pela polícia, passaram a controlar todo o território nacional; ninguém conseguia deslocar-se de uma cidade para outra sem um salvo-conduto militar (De Paula, 1999, p.63).

Ao chegar ao poder, Getúlio parecia anunciar uma nova época. O novo líder era aclamado nas ruas por homens, mulheres, crianças e principalmente soldados; "era a promessa de uma nova era, da moralização dos costumes políticos e sociais". A República Velha parecia sepultada definitivamente; a capital (Rio de Janeiro) transformara-se numa festa. Multidões aclamavam o novo líder, um tipo de messias moderno que deveria readaptar o Brasil ao século XX e aos avanços tecnológicos; "alguém que iria imprimir uma nova dinâmica econômica e social ao país. Um homem que conduziria a nação inteira a uma nova realidade" (Cancelli, 1993, p.75).

A construção da legitimidade da Revolução

No discurso da Aliança Liberal, o grande vilão, responsável pela crise política e socioeconômica do Brasil, era o sistema oligárquico, traidor dos ideais da Constituição de 1891. Os revolucionários de 1930 propunham como solução para a precária situação nacional o retorno à pureza dos princípios jurídicos constitucionais de 1891, em nome do qual haviam atuado e em prol dos quais se aglutinaram, por ocasião de sua derrota pelas urnas, alegando ter, a revolução, o objetivo primordial de combater a corrupção política e moral plantada na nação, por meio da extinção do "voto de cabresto", das atas falsas e do "curral eleitoral", hábitos denunciados como incompatíveis com os ímpetos da modernidade de uma sociedade cada dia mais complexa (Camargo et al., 1989, p.26-7).

Todavia, se a Revolução de 1930, levada avante graças a um tácito compromisso entre camadas médias e alguns setores tradicionais, buscou novos fundamentos para legitimar a reformulação do poder, deslocando a representação política dos interesses cafeeiros, não se pode negar o fato de que o café ainda era a base decisiva da economia (Weffort, 1986, p.49-51). Na situação política desenhada a partir de 1930, os senhores do poder político desvinculavam-se dos grupos dominantes da esfera econômica; introduzia-se, assim, uma *decalage* entre o Estado e a economia, uma fissura entre Estado e oligarquia cafeeira, rompendo-se a noção desta como expressão daqueles (Weffort, 1986, p.49-51).

Abria-se campo para a construção de um Estado, entendido como um órgão (político), tendendo a afastar-se dos interesses imediatos e a sobrepor-se ao conjunto da sociedade como soberano. Surgiam na história brasileira novos personagens – o povo e a nação – colocados como fonte de legitimidade do Estado. Se, de fato, as massas só assumiram esse papel com clareza após a redemocratização, em 1946, não obstante, as condições políticas que tornaram possível esse mecanismo foram anunciadas na reformulação institucional aberta em 1930 (Weffort, 1986, p.49-51).

Os novos parâmetros

Aspectos econômicos e sociais

No plano econômico, a marca da década de 1930 assentou-se na passagem de um sistema de base agroexportadora para uma sociedade de base urbana industrial, embora com isto não se afirme, peremptoriamente, que a construção do capitalismo industrial no Brasil tenha sido efetuada nessa década. Como se sabe, a consolidação da ordem industrial ocorreu algumas décadas depois, com a expansão impulsionada pelas políticas do governo Kubitschek. Porém, cabe sublinhar que em 1930 se lançaram as bases, os fundamentos necessários para o desenvolvimento dessa nova ordem socioeconômica, haja vista a passagem de uma sociedade com perfil agrário, agroexportadora de caráter primário, para uma sociedade mais complexa e diferenciada, deslocando-se do eixo econômico central da agroexportação para o industrialismo urbano (Diniz, 1999, p.24-5).

Incorporaram-se à agenda do Estado brasileiro políticas de caráter intervencionista e regulador, inspiradas em idéias nacionalistas e desenvolvimentistas partilhadas por várias forças sociais. Contando com o apoio político e militar dos tenentes, agregados em torno do Clube 3 de Outubro, de empresários, industriais, políticos e intelectuais (como Oliveira Viana), partidários do nacionalismo desenvolvimentista intervencionista, Vargas procedeu a um redesenho institucional responsável por novas orientações econômicas.

Estabeleceu-se um novo referencial na condução das políticas governamentais, forjado pela união de ideais nacionalistas (disseminados entre a elite brasileira depois da Primeira Guerra Mundial) às idéias protecionistas, nascidas nos países de industrialização tardia (Alemanha, Estados Unidos) e reforçadas com a crise de 1929, formalizando a crença de que as mudanças efetivas e reais só poderiam ser promovidas por um Estado forte e interventor, capaz de adotar medidas pautadas na industrialização, vista como único mecanismo propulsor da mudança econômica e social. Surgiu o protecionismo industrial inserido em um referencial nacionalista-desenvolvimentista, conferindo ao Estado o papel de regular a crise e reorientar a economia para um desenvolvimento industrial, entendido como objetivo estratégico e não como alternativa conjuntural (Leopoldi, 1999, p.115-6 e 121).

Em termos sociais, o caráter reformista da primeira fase do governo de Getúlio (1930-34) trouxe em seu seio a temática da justiça social, em especial a questão da igualdade e das liberdades políticas, tendo como foco central o desafio de suprimir as grandes disparidades sociais, características da sociedade brasileira, e eliminar as barreiras sociais, verdadeiros empecilhos ao desenvolvimento da cidadania política.

Como expressão do ideário libertário daquele momento, buscou-se e defendeu-se o estabelecimento de novos padrões de relacionamento entre as classes possuidoras e as classes subalternas, de modo a atenuar a opressão excessiva exercida, até então, pelas elites dominantes, impondo limites institucionais ao seu poder e expandindo os direitos civis e políticos para os novos segmentos da sociedade; para tanto, foram realizadas reformas políticas significativas, como a introdução do voto secreto, a criação do tribunal eleitoral, o reconhecimento do direito de voto para as mulheres e a aprovação do novo código eleitoral, sob cujas regras se realizaram as eleições de 1933 para a Assembléia Constituinte (Diniz, op. cit., p.22-3).

Por outro lado, calcado no teor tutelar, intervencionista e, sobretudo, regulador, o Estado incorporou os problemas sociais, selecionou suas reivindicações e visou pacificá-los a fim de evitar os extremismos, mediante uma reforma do aparelhamento constitucional, político e social. Enfim, desenvolveu-se uma ação estatal social com vista a empreender "mudanças para realizar o progresso nacional, sem a efetiva transferência do poder às camadas médias e populares, que se deveriam fazer representar sem os riscos de sua índole vulcânica" (Faoro, op. cit., p.321). Tal conduta ficou evidenciada, por exemplo, na legislação trabalhista e sindical implantada ao longo da década de 1930, objetivando resolver as relações conflitantes entre capital e trabalho e, sobretudo, permitir que o crescimento indus-

A CONSTITUIÇÃO BRASILEIRA DE 10 DE NOVEMBRO DE 1937   43

trial se fizesse sem turbulências sociais (Leopoldi, op. cit., p.121-2).

Ou seja, com a chegada de Vargas ao poder, o Estado foi colocado na posição de árbitro supremo dos interesses nacionais, situado como ente decisivo central na sociedade brasileira, tanto para a solução de compromissos e conflitos quanto como fator de equilíbrio entre os grupos sociais.

Plano político institucional

Em relação aos domínios oligárquicos estaduais e coronelísticos locais, o novo sistema de poder inaugurado provocou alterações peculiares. Houve contínua transferência de liderança e revezamento dos grupos no poder, verificando-se usualmente a queda e ascensão de determinados grupos e, até mesmo, o retorno ao poder de grupos alijados com a revolução. Ocorreu um movimento oscilatório de embates entre a persistência dos velhos grupos dominantes e a vitalidade dos novos grupos alçados ao poder (Carone, 1974, p.155-6).

Os coronéis locais sofreram formalmente abalos em seu domínio político em virtude do fim da "política dos governadores" e da instalação dos novos parâmetros eleitorais. Todavia, tais transformações não significaram perdas dos atributos e do domínio de fato, pois o coronel se mantinha diretamente preso à terra, detinha os meios de produção e continuava a dominar o eleitorado de suas fazendas e/ou das imediações, graças a seu poder de influência ou de se impor às autoridades, permanecendo como a base da autoridade social e política e sendo uma peça importante nas esferas estadual e federal, as quais, quer para manter, quer para combater determinadas facções coronelísticas, continuaram a efetuar alianças com os coronéis (Carone, 1974, p.155-6).

Todavia, se nos cargos administrativos estaduais e municipais persistiram algumas prerrogativas e áreas de domínio dos poderes regionais em mão de grupos oligárquicos, mesmo em face do afastamento e da substituição, pela Revolução de 1930, das lideranças situacionistas, no plano do Executivo, graças aos interventores tenentistas (Carone, 1974, p.155-6), a Revolução de 1930 representou a decadência dos grupos oligárquicos como fator de poder. Haja vista o fato de os coronéis virem-se obrigados a deixar as funções de domínio político que haviam mantido de forma ostensiva e quase exclusiva há até pouco tempo, para subsistir nas sombras, embora permanecessem no novo regime, em nível regional ou municipal, em diversas partes do país (Weffort, op. cit., p.63-4).

O fortalecimento do poder do Estado em detrimento das oligarquias regionais, representado em um primeiro momento pela intervenção federal, foi pouco a pouco desarticulando os mecanismos de influência das elites tradicionais graças à expansão da capacidade decisória do Executivo federal. Tal situação deslocou para a instância federal as decisões estratégicas relativas ao desenvolvimento econômico e social do país, permitindo a implementação de um projeto nacional, por cima da rivalidade entre as elites, integrado à reforma do Estado (Diniz, op. cit., p.25-7).

Nas áreas de políticas macroeconômicas fundamentais, paulatinamente foi se constituindo um grupo técnico, uma elite burocrática, que atuava nas agências recém-criadas e nos novos ministérios (Ministério do Trabalho, Indústria e Comércio e Ministério da Educação e Saúde). Instituiu-se, de modo gradativo, uma elite burocrática, montando-se uma administração moderna do Estado, graças à atuação do Departamento de Administração do Serviço Público (DASP), responsável pelo recrutamento, por concurso, dos burocratas da ala moderna do Estado (Leopoldi, op. cit., p.116).

O impacto reformador englobou não só as estruturas do Estado, mas envolveu também as relações deste com a sociedade. O redesenho de um novo arcabouço político institucional abriu espaço para a representação dos interesses dos novos atores ligados à ordem industrial emergente, quebrando a rigidez da estrutura de poder existente. O novo padrão de articulação Estado/sociedade permitiu a incorporação política de empresários e trabalhadores urbanos, sob a tutela do Estado, resultando na montagem de uma rede de organizações de representação de interesses, reguladas e controladas pelo poder público (Leopoldi, op. cit., p.116).

Finalmente vale salientar, em referência às avaliações da revolução brasileira de 1930, apesar das divergências entre vários autores, o fato de que grande parte das correntes interpretativas converge em alguns pontos: a Revolução de 1930 é considerada um marco; indica a transposição de um passado um tanto sombrio para um presente que apontava para um futuro mais luminoso. Mas, se é difícil o consenso acerca de quais foram os agentes promotores da revolução, seu *inimigo* é facilmente identificado como as *oligarquias* – e tudo aquilo que representavam: o atraso, os desmandos do governo, a corrupção eleitoral etc. E mais, a partir da década de 1930, redesenha-se e redefine-se o Estado brasileiro, do mesmo modo que se alteram os parâmetros, mecanismos, formas e meios da ação política, pela adoção de novos contornos sociais e econômicos, graças à incorporação de novos atores, dispostos em um cenário continuamente alterado.

As contradições do governo provisório, a Revolução Constitucionalista e a Assembléia Constituinte

Paulatinamente, os arranjos e as reformas do governo provisório de Vargas foram deixando a desejar. Observou-se que a "terceira revolução" não era aquela tão esperada, na esteira do 5 de julho, do Forte de Copacabana e da revolta de São Paulo. A verdadeira revolução, autêntica herdeira da Coluna Prestes e da Internacional, ainda estava por vir.

Ao suspender a Constituição de 1891, o governo provisório se havia investido dos poderes discricionários concernentes às funções executivas e legislativas, até que uma nova Assembléia Constituinte reorganizasse o país. Desse modo, Getúlio Vargas, nos primeiros anos de governo, "mandava com seus ministros, legislava com eles e com eles julgava num tribunal; sem códigos, substantivos e nem adjetivos, sem constituição, sem nada que não fosse a sua livre vontade e a de seus ministros, legisladores e juízes ao mesmo tempo" (Pinheiro, 1992, p.269-71).

Neste contexto, as percepções presentes nos segmentos promotores da revolução acabaram por se dualizar; de um lado, alinharam-se os partidários do retorno à ordem jurídica e institucional, preocupados com a *provisoriedade* de um regime com poderes discricionários, prolongando-se além do *estritamente necessário*, o que traía os ideais da Aliança Liberal. Em outro extremo, postaram-se setores da mesma revolução, sob a alegação de não quererem ver essa mesma dita revolução *desperdiçada* com a volta prematura das normas políticas administrativas expurgadas pela campanha de 1930; defendiam a continuidade da ditadura, para que houvesse a instauração de uma nova ordem social no Brasil, via continuidade do controle, canalização e tutela da sociedade por um Estado forte, nacionalista e autoritário (De Paula, op. cit., p.62).

Neste cenário ganharam fôlego pressões pela reconstitucionalização do país, bandeira levantada pelos constitucionalistas liberais e adotada como lema por São Paulo, por ocasião da Revolução Constitucionalista,[16] formalmente instituída em julho de 1932, graças à proclamação da "Junta Revolucionária", assinada pelo então governador do Estado, Pedro de Toledo, pelo representante do PD, Francisco Morato, do PRP, Pádua Sales, e ainda por dois destacados generais, Isidoro Dias Lopes e Bertoldo Klinger. Entretanto, o movimento paulista, gerado por forte oposição a Getúlio em virtude de profundo antagonismo regional, não contou com o apoio prometido por Minas e Rio Grande do Sul, durou apenas três meses e foi sufocado (Capelato, 1981).

Do ponto de vista da crítica do governo central à Revolução Constitucionalista, pregou-se a idéia de que a revolta não tinha sido uma "revolução" e muito menos "constitucionalista", atribuindo ao le-

---

16 Uma análise pormenorizada de nuances da revolta paulista de 1932, sobretudo no que se refere às imagens do movimento; da mobilização (manipulação das massas, o esforço de guerra, a adesão do operariado, a indústria bélica etc.) e da brasilidade (noção de São Paulo unido na defesa do Brasil) pode ser encontrada no trabalho do historiador e fotógrafo Jeziel de Paula, *1932: imagens construindo a história*. Campinas/Piracicaba: UNICAMP/UNIMEP, 1999.

A CONSTITUIÇÃO BRASILEIRA DE 10 DE NOVEMBRO DE 1937

vante a alcunha de movimento prematuro e insensato com o intuito banal de arrombar porta aberta, referindo-se aos decretos democratizantes outorgados antes da revolta pelo governo provisório, como o Decreto n° 21.076, de 24 de fevereiro de 1932, que atendia o principal item do programa da Aliança Liberal: o voto direto, secreto e, pela primeira vez, extensivo às mulheres. E, finalmente, o Decreto n° 21.402, de 14 de maio de 1932, que fixava a data de 3 de maio de 1933 para a realização das eleições para a Assembléia Constituinte (De Paula, op. cit., p.65 e 67).

O impasse entre as pressões pela reconstitucionalização e a simpatia pela permanência do regime, postulada, sobretudo, pelos tenentes, culminou com a vitória dos liberais, sendo a eleição da futura Assembléia Constituinte regulamentada pelo Decreto n° 21.402, de 15 de maio de 1932, a ser realizada em fins de 1933 (Camargo et al., op. cit., p.26-7).

Cabe salientar que neste curto espaço de tempo o governo provisório de Vargas avançara substancialmente no campo eleitoral e na esfera trabalhista, promulgando diversos decretos relacionados à regulamentação da vida dos trabalhadores, do trabalho da mulher, das atividades laborais no comércio e na indústria e das convenções coletivas. Na área eleitoral, decretou um Código Eleitoral que reduziu o limite de idade do eleitor de 21 para dezoito anos; concedeu pela primeira vez o voto às mulheres e criou a Justiça Eleitoral; e implantou a vedete principal do rol de medidas, a instalação do voto secreto. É bom lembrar que tais medidas, em seu conjunto, permitiram imediato apoio urbano ao governo.

Controlada a Revolução Constitucionalista e firmadas as datas da eleição, deu-se início à campanha eleitoral para a Assembléia Nacional Constituinte. As forças políticas reorganizaram-se para aquela que seria a primeira eleição, desde 1930, a ser realizada segundo os novos procedimentos introduzidos pelo Código Eleitoral de 1932.

Em 3 de maio de 1933, implantou-se o processo eleitoral para a formação da Assembléia Constituinte, no qual vigorava, além do critério da proporcionalidade, a *representação classista*. Pelos novos regulamentos eleitorais, os sindicatos profissionais foram contemplados com representantes classistas na Assembléia, em um total de quarenta cadeiras. Adotava-se, assim, uma inovação de origem fascista em uma época em que o regime italiano era saudado como nova modalidade de concepção do Estado – ao passo que os demais deputados, como representantes do povo, seriam eleitos pelo voto direto em cada Estado. Em termos políticos, a representação classista objetivava limitar o peso da coação de grupos oligárquicos, em especial das bancadas de São Paulo e Minas Gerais (Skidmore, op. cit.; Penna, 1999, p.172-4).

Conforme o programado, as eleições realizaram-se em maio de 1933, resultando em clara vitória dos grupos políticos regionais; em julho do mesmo ano, as entidades de classe indicaram os representantes classistas, instalando-se, em 15 de novembro, a Assembléia Constituinte.[17]

Os trabalhos dos constituintes foram muito tumultuados em decorrência dos antagonismos presentes na Assembléia e pelo fato de as oligarquias, a despeito das medidas "saneadoras" promovidas pelo governo, ainda terem um forte peso (Penna, op. cit., p.172-4). Logo nas primeiras votações, os representantes classistas, aliados aos tenentes, aprovaram um projeto, transformando-a em Câmara de Deputados, com poderes para eleger o presidente da República. Após oito meses de discussões, finalmente, no dia 16 de julho de 1934, foi promulgada a nova Constituição.

O reflexo da Revolução de 1930 no campo intelectual

A (re)invenção do Brasil

Se a década de 1920 tinha presenciado o surgimento de novas formulações estético-culturais, por vezes construídas como expres-

---

17 Cf. portal www.cpdoc.com.br, acessado em: novembro de 2001.

sões do modernismo, definido, em grande medida, na Semana de Arte Moderna de 1922, em São Paulo,[18] foi sobretudo a partir de 1930 que o modernismo foi tomado como conceito amplo de movimento de idéias e como tendência autêntica da arte e do pensamento brasileiro (Penna, op cit., p.172-4; Motta, 1990, p.35-6; Candido, 2000, p.114-5).

Os indícios de modernização, esboçados com a Semana de Arte Moderna, a eclosão do tenentismo e outros acontecimentos de anos e décadas anteriores, a partir de 1930 parecem acelerar-se, fazendo eco nas inquietações científicas, filosóficas e artísticas simbolizadas, por exemplo, em obras como *A estética da vida* (Graça Aranha), *Literatura reacionária* (Jackson de Figueiredo), *Retrato do Brasil* (Paulo Prado), *Macunaíma* (Mário de Andrade), e *À margem da história da República*, organizada por Vicente Licínio Cardoso (Ianni, 1992, p.29-33).

Generalizou-se a visão de que havia começado uma nova era no Brasil. Não se tratava de uma alternância de diferentes grupos representativos no comando do Estado; aos olhos da época, chegara ao poder uma proposta política diferente, e, em princípio, capaz de aglutinar segmentos de todas as classes sociais. Entendia-se que havia uma efetiva proposta para a construção de um Brasil Novo, significando a possibilidade de implementação de um projeto universalizante, portador de um arcabouço impregnado do sentimento de regeneração nacional (Cancelli, op. cit., p.47).

A ação política desenvolvida objetivou criar um novo tipo de cidadão para a sociedade nacional; vislumbrou-se a formação de uma raça forte e sadia que seria alcançada graças à reeducação do homem

---

18 Alguns autores defendem que "muito antes da Semana de 1922 expressar, em novas linguagens, o mundo que mudava, tentando arvorar-se em vanguarda de pretensa identidade nacional concebida, entre outros mitos, na idéia de comunidade espaço-temporal, outros modernistas, saídos de lugares distantes e tempos remotos, lançavam suas línguas estranhas como chamas utópicas sobre as ruínas do país"; o autor refere-se, sobretudo, a Euclides da Cunha, entre outros. Veja-se HARDMAN, F., apud NOVAES, 1992, p.269-304.

pelo Estado, a fim de promover o saneamento do espírito desse homem, a ser realizado, entre outros meios, pela glorificação do trabalho. Nesse contexto, estabeleceu-se um tipo físico único, com um só perfil racial, vinculando-se raça e nação a ponto de apresentar-se como dever da brasilidade a destruição dos jecas e dos párias sociais, por meio da legislação social e de uma ideologia política de reabilitação do papel e do lugar do trabalhador nacional. A mão firme do Estado, tornando público o privado e privatizando o público, de maneira a massificar e unificar a imagem, passou a atuar com vista à criação de um novo homem (Lenharo, 1986 p.25ss).

A política cultural, iniciada a partir de 1930, envolveu a nomeação de intelectuais para postos de destaque, assim como a criação de diversos órgãos capazes de atraí-los para junto do governo, com base na crença de que representavam uma "elite" capaz de salvar o país, pois estavam sintonizados com as novas tendências do mundo e atentos às diversas manifestações da cultura popular. Nesse cenário, o arquiteto Lúcio Costa foi indicado para a direção da Escola Nacional de Belas Artes (1930), Manuel Bandeira foi convidado para presidir o Salão Nacional de Belas Artes (1931), o escritor José Américo de Almeida assumiu a pasta da Viação e Obras Públicas (1932) e Gustavo Capanema foi nomeado ministro da Educação e Saúde Pública (1934), convidando o poeta Carlos Drummond de Andrade para chefiar seu gabinete.[19]

Artistas e intelectuais participavam ativamente do debate político ideológico entre a direita e a esquerda, em um contexto editorial em plena expansão que publicava e divulgava livros e revistas voltados para as questões sociais, as problemáticas dos indígenas, dos caipiras, assim como uma literatura científica, proletária ou regionalista, evidenciando temas e difundindo abordagens que faziam uma crítica implícita aos valores da sociedade patriarcal e oligárquica, identificados com o tempo passado.[20]

---

19 Cf. portal www.cpdoc.com.br, acessado em: novembro de 2001.
20 Ibidem.

Se foi notória a busca de redefinição da sociedade por parte da ação política estatal, houve, também, do lado da produção intelectual, uma releitura da sociedade nacional, como é possível verificar-se, por exemplo, nas obras de Gilberto Freyre (1933), Sérgio Buarque de Hollanda (1936) e Caio Prado Júnior (1933), entre outros. Romperam-se as linhas de interpretações da vida brasileira, ao passo que as concepções de história e de cultura da elite oligárquica foram contestadas por um conjunto de autores, marcos iniciais no estabelecimento de novos parâmetros no conhecimento do Brasil e de seu passado.

Em 1933, Caio Prado Júnior inaugura este processo de *redescobrimento* do Brasil com *Evolução política do Brasil*, obra pautada em uma interpretação materialista, apresentando um método relativamente novo, ao organizar as informações de maneira a não incidir e esgotar o enfoque na superfície dos acontecimentos. Nesta obra, expedições sertanistas, substituições de governos, invasões ou guerras são vistas tão-somente como um *reflexo* exterior daquilo que se passa no íntimo da história. Caio Prado redefiniu a periodização corrente da história do Brasil, ao valorizar os movimentos sociais como a Cabanada, a Balaiada e a Insurreição Praieira, demonstrando que os heróis dos grandes feitos não são heróis senão na medida em que acordam com os interesses das classes dirigentes em cujo benefício se faz a história oficial (Motta, op. cit., p.35-6).

A inovação de Caio Prado esteve em explicar as relações sociais partindo de bases materiais, apontando a historicidade do fato social e do fato econômico, o que contrastava com a visão mitológica do Brasil que impregnava a explicação histórica dominante. Em outros termos, ao considerar as classes sociais – horizontes da realidade social – categorias analíticas, este autor iniciou a crítica da visão monolítica do conjunto social, constituída no período oligárquico da recém-derrubada República Velha.

Outra obra significativa nesse processo de releitura intelectual da realidade nacional foi *Casa grande & senzala*, de Gilberto Freyre, lançada também em 1933. Este trabalho, atingiu ampla popularidade pelo estilo corrente e anticonvencional: pelas teses veiculadas sobre as relações raciais, sexuais e familiares, pela abordagem inspirada na antropologia cultural norte-americana e pelo uso de fontes até então não consideradas. Se antes, Oliveira Viana considerava, de forma negativa, a mestiçagem, Freyre a considera de forma positiva. Demais operando com noções como eugenia, branquidão, morenidade, o autor elaborou teses acerca da adaptação adequada de nossa cultura aos trópicos; o Brasil era representado como um país com poucas barreiras à ascensão de indivíduos pertencentes a classes ou grupos inferiores. (ibidem)

Gilberto Freyre pode ser considerado o "grande ideólogo da cultura brasileira", pois sua obra evidenciou uma "*ruptura* com a abordagem cronológica clássica, com as concepções imobilistas da vida social do passado e do presente", além de denunciar o atraso "intelectual, teórico e metodológico que caracterizava os estudos sociais e históricos no Brasil" (ibidem).

Soma-se a estas a obra *Raízes do Brasil*, escrita por Sérgio Buarque de Hollanda, lançada em 1936, que trouxe consigo a "crítica" (talvez demasiado erudita e metafórica para o incipiente e abafado ambiente cultural e político da época) ao autoritarismo e às perspectivas hierárquicas sempre presentes nas explicações do Brasil. *Raízes do Brasil* fornecia aos leitores pistas importantes para a compreensão de determinadas posições políticas presentes naquele momento em que reinava uma descrença no liberalismo tradicional (ibidem).

Nesse efervescer de idéias, encontram-se outros importantes autores como: Roberto C. Simonsen, *A evolução industrial do Brasil*; Manoel Bonfim, *Brazil nação*; Nestor Duarte, *A ordem privada e a organização política nacional*; Azevedo Amaral, *A aventura política do Brasil*; Mário Travassos, *Projeção continental do Brasil*; Barbosa Lima Sobrinho, *A verdade sobre a Revolução de Outubro*; Virgínio Santa Rosa, *O sentido do tenentismo*; José Maria Bello, *Panorama do Brasil*; Tristão de Ataíde, *Política*; Afonso Arinos de Mello Franco, *Conceito de civilização brasileira*; Paulo Prado, *Paulística*. Ainda na década de 1930, republicaram-se escritos já conhecidos em décadas anteriores, passando a ser relidos em outra perspectiva: Alberto Torres, *O problema nacional brasileiro*; Tavares Bastos, *A província* (estudo sobre a descentralização no Brasil); Oliveira Viana, *Evolução do povo brasileiro*.

Tal efervescência intelectual permaneceu ao longo da década de 1930 fazendo eco nos primórdios da próxima década, quando houve publicações destinadas a retomar, discutir ou inovar o que se havia proposto anteriormente, como os trabalhos de Roberto C. Simonsen, *História econômica do Brasil (1500-1820)*; Caio Prado Júnior, *Formação do Brasil contemporâneo (Colônia)*; Gilberto Freyre, *Sobrados e mucambos, Nordeste* e *O mundo que o português criou*; Cassiano Ricardo, *Marcha para Oeste* (A influência da "Bandeira" na formação social e política do Brasil); e Fernando de Azevedo, *A cultura brasileira* (Introdução ao estudo da cultura no Brasil), entre muitos outros (Ianni, op. cit., p.29-33).

Compete salientar também, na década de 1930, a presença do debate intelectual e político acerca de qual matriz regional expressaria melhor a nacionalidade, como os verdadeiros valores da sociedade brasileira: a sociedade nordestina, da democracia racial, retratada por Gilberto Freyre; a sociedade bandeirante, retratada nos textos de Cassiano Ricardo, lida como núcleo de formação da democracia nacional; ou a sociedade mineira, com seus traços do espírito de família e de religiosidade, apontados por Alceu Amoroso Lima.[21] Ao mesmo tempo houve uma busca por símbolos da identidade nacional, redundando em uma valorização do carnaval, do samba e do futebol, gerando um movimento paradoxal. O Estado, cujo objetivo era promover a industrialização e as mudanças estruturais na sociedade, lançou mão da cultura popular para ressemantizar seu próprio significado.

Como os sinais de contemporaneidade eram tênues (havia poucas estradas de rodagem, não existia ainda uma indústria automobilística, a tecnologia era inteiramente dependente dos países centrais etc.), a na-

---

21 Cf. portal www.cpdoc.com.br, acessado em: novembro de 2001.

ção só conseguia se expressar articulando-se ao que possui de "sobra", a tradição. (Ortiz, apud Scarlato e Francisco s.d., p.22-3)

Pensamento autoritário

Se, por um lado, 1930 favoreceu um processo de releitura social e política do Brasil, esses mesmos ventos, reforçados pela política mundial, inflamaram o desenvolvimento de formulações intelectuais autoritárias no cenário nacional.

A crise mundial, ao final da década de 1920, foi um fato crucial no cenário político e econômico nacional. Solapou uma série de pressupostos do capitalismo liberal, fornecendo justificativas, no plano político, para a crítica à liberdade de expressão e para a crítica à liberdade partidária, tidas como elementos que conduziriam o país à desordem e ao caos (Fausto, 1999, p.19).

Os críticos do liberalismo, a postos mesmo antes da crise de 1929, delineavam projetos alternativos para o país na tentativa de montar uma nova forma política de controle social, vislumbrando, a partir do golpe de 1930, a existência de um centro de poder monopolizador que, ao se tornar exclusivo na mobilização total da população, permitiria a integração de indivíduos e classes, levando à construção de um Estado com novos desígnios. Ganhou fôlego uma visão totalitária da realidade, não só em caráter abstrato nas concepções de políticos ou da intelectualidade brasileira, mas com reflexos formais institucionais no teor ditatorial do governo provisório.

Baseada no ideal já desenvolvido por vários autoritários, ainda nas décadas de 1910 e 1920, e animada pelas vitórias de Mussolini na Itália, a proposta política autoritária foi levada aos quatro cantos do país por alguns dos golpistas de 1930, contando com fatores inusitados, até o momento, do ponto de vista ideológico, e a possibilidade de um vir a ser nacional, por meio da construção messiânica do líder ditatorial (Cancelli, op. cit., p.17-9).

A difusão e a formação desse ideário autoritário tiveram influências externas e célebres defensores no contexto nacional. Entre as influências externas encontram-se Manoilesco e Kemal Ataturk, referências significativas para o Brasil da década de 1920 e, sobretudo, para a de 1930. As idéias de Manoilesco, célebre autor romeno, foram "uma espécie de Bíblia" para boa parte dos industriais brasileiros, em especial para os paulistas. O renomado autor postulava concepções políticas conservadoras, autoritárias e corporativistas, esposando, do ponto de vista econômico, uma doutrina de agrado dos industriais brasileiros, sobretudo pelo fato de defender o protecionismo como forma de desenvolver a economia nas áreas periféricas. A aceitação das idéias do romeno teve respaldo também entre intelectuais ligados ao Estado Novo, como Oliveira Viana e Azevedo Amaral, tradutor para o português do livro de Manoilesco, *O século do corporativismo*, publicado em 1934. Outra figura alçada à posição de ponto de referência entre os autoritários brasileiros – em especial entre os integrantes das Forças Armadas – foi Kemal Ataturk, modernizador da Turquia, no comando daquele país por anos e anos. O general Góes Monteiro referiu-se nominalmente a ele em seus escritos e no depoimento prestado ao jornalista Lourival Coutinho, base do livro *O general Góes depõe*, uma vez que vislumbrava no líder turco um exemplo a ser seguido em virtude de sua ação como construtor da nação, colocando-o ao lado de outras figuras significativas, como Mussolini e mesmo Lenin. A simpatia por Ataturk deu-se, em grande parte, graças a sua estreita relação com a idéia de "modernização pelo alto", realizada na Turquia, concepção presente no imaginário e no ideário da elite militar brasileira (ibidem).

Entre os defensores nacionais das práticas autoritárias contavam-se, entre outros, Alberto Torres, Azevedo Amaral, Oliveira Viana e Francisco Campos.

Em sua leitura da realidade brasileira, Alberto Torres sublinhou a desorganização e decomposição social, entendidas como conseqüência da imigração e das minorias estrangeiras; da diferenciação social, psicológica e cultural entre os tipos humanos presentes nas várias regiões do país; do antiurbanismo individualista e do antissolidarismo, derivados da formação colonial; da diversidade das religiões; dos conflitos entre os setores da economia, indústria, comércio e agricultura; da autonomia dos Estados no tocante às relações comerciais, vinculando-se diretamente com o exterior; do movimento migratório para os centros urbanos e da dispersão presente na política local. Nesse cenário desconcertante, Torres antevia que os únicos capazes de levar a cabo um projeto de unificação e de construção da nacionalidade seriam indivíduos de boa vontade, com sentido patriótico; ou seja, a solução só podia vir de uma *elite intelectual*, politicamente comprometida com a nacionalidade, agindo por meio da imprensa, da educação, da opinião pública e do Estado (Beired, 1996, p.37-9).

Ao lado de Alberto Torres, Oliveira Viana, Francisco Campos[22] e Azevedo Amaral formaram uma sólida corrente de idéias autoritárias, decisivas no balizamento do debate político e intelectual da década de 1930. Atribuíam a responsabilidade da crise brasileira às oligarquias rurais, que se haviam apoderado do Estado graças às deficiências do governo liberal federalista, introduzido pela Constituição de 1891, incapaz de resolver os problemas nacionais. Entendiam que os ares transformadores não se restringiam ao Brasil, mas à realidade mundial, e, portanto, a experiência liberal esgotara-se, e com ela, instrumentos clássicos como os partidos políticos e o Congresso, cabendo a um governo central tomar as rédeas do poder e ditar as diretrizes do desenvolvimento.

Apesar de algumas diferenças entre si, as reflexões de Torres, Francisco Campos, Oliveira Viana e Azevedo Amaral formavam um emaranhado de idéias autoritárias, do qual era possível extrair os componentes centrais de uma nova ideologia de Estado: defendiam um papel tutelar do Estado em relação à sociedade; pregavam e justificavam a hipertrofia do Estado, assim como sua direção por uma elite política e intelectualmente esclarecida; preconizavam a prevalência do "princípio estatal" sobre o "princípio do mercado" no que se refere à organização do poder; defendiam uma visão orgânico-

---

22 Em momento oportuno – item primeiro da terceira parte – tal personagem, sua ação política e seu pensamento serão estudados detalhadamente, haja vista o fato de ser o principal responsável pela elaboração da Constituição de 1937.

A CONSTITUIÇÃO BRASILEIRA DE 10 DE NOVEMBRO DE 1937 57

corporativa da sociedade, a partir de um olhar paternalista/autoritário no campo do conflito social, que devia ser vigiado, reprimido e controlado; e eram partidários do princípio da "não-mobilização" da sociedade tendo em vista um "objetivismo tecnocrático" cultuado em teses do Estado autoritário como um "Leviatã benevolente", ao mesmo tempo zelador, administrador, gestor, juiz e árbitro da sociedade (Beired, op. cit., p.37-9).

Tais reflexões não constituíam meras abstrações; não raras vezes orientaram e nortearam realizações e práticas políticas concretas na realidade brasileira. Veja-se, por exemplo, a ativa participação política de Alberto Torres, Oliveira Viana, Azevedo Amaral e Francisco Campos no governo de Getúlio. Basta lembrar que Campos foi o principal mentor da Constituição de 1937, objeto deste trabalho.

2
O FECHAMENTO DO GOVERNO CONSTITUCIONAL E A ELABORAÇÃO DO GOLPE

A Carta Constitucional de 1934

Após oito meses de entrechoque de tendências ligadas ao liberalismo anterior e até mesmo eflúvios do fascismo italiano, tendo como base um anteprojeto previamente elaborado pela chamada Comissão do Itamarati e dirigido por Afrânio de Melo Franco, a Assembléia Constituinte deu por encerrada sua tarefa e a nova Constituição foi promulgada em 16 de julho de 1934.

Se, por um lado, é fato que na composição da Assembléia Constituinte de 1934 as políticas regionalistas estiveram fortemente representadas por bancadas dos grandes Estados, por outro, conforme dispusera Getúlio, tais tendências foram neutralizadas pelos deputados das categorias profissionais. Assim sendo, ao final dos trabalhos a nova Carta teve o mérito de ser avançada no campo social, sobretudo ao introduzir direitos trabalhistas (previdência social, criação da Justiça do Trabalho, salário mínimo, jornada de trabalho de oito horas, férias anuais remuneradas, descanso semanal e garantia da autonomia e do pluralismo sindical – com a derrota do governo que pretendia sindicato único por categoria profissional), dispositivos de caráter nacionalista que, não obstante a inspiração da *Carta del Lavoro* italiana, se fizeram presentes (Ferraz Júnior, 1996, p.42).

A importância dos Estados foi assegurada pela vitória do princípio federalista. Entretanto, ampliaram-se os poderes da União nos novos capítulos referentes à ordem econômica e social, ao mesmo tempo que se procedeu à nacionalização de minas, jazidas minerais, quedas d'água, bancos de depósito e empresas de seguro. Outra novidade importante foi a introdução de um capítulo exclusivo sobre a família, inserido, sobretudo, graças à pressão da bancada católica, a qual obteve, entre outras conquistas, a oficialização do casamento religioso.[1]

A representação profissional, inspirada na Constituição de Weimar (1919) e na Constituição da Áustria (1920), apesar de recusada pela Subcomissão do Itamaraty, foi aprovada no texto constitucional. Tal representatividade, por ocasião do funcionamento efetivo do legislativo federal, atuou e funcionou como o braço direito do governo, apoiando a legislação social e o processo de centralização do Estado e fornecendo, ao mesmo tempo, respaldo às posições de Vargas, em aliança com as bancadas do Norte e do Rio Grande do Sul (Camargo et al., 1989, p.29).

Quanto ao Executivo, a Constituição de 1934 definiu cuidadosamente e de maneira estrita os poderes de seu chefe, determinando que, salvo a eleição inicial, feita pela Assembléia, o presidente da República deveria ser escolhido pelo voto direto dos cidadãos, para um mandato de quatro anos, sem possibilidade de reeleição imediata (Dulles, 1976, p.146-8). Nessa área, em particular, a Assembléia Constituinte tencionou definir mecanismos de controle eficazes sobre o Executivo, acostumado à tendência centralizadora e autoritária, inaugurada com o Governo Provisório, ligada ao expediente fácil dos decretos-lei (Pinheiro, 1992, p.269-71).

Relativamente à representação legislativa, embora a Carta de 1934 contemplasse a existência de duas câmaras – Senado e Câmara dos Deputados –, o Poder Legislativo concentrava-se essencialmente na Câmara, composta de deputados eleitos pelos Estados, por quatro anos, na proporção de um para 150 mil habitantes – além do vi-

---

1 Cf. portal www.cpdoc.com.br, acessado em: novembro de 2001.

A CONSTITUIÇÃO BRASILEIRA DE 10 DE NOVEMBRO DE 1937 61

gésimo deputado, só poderia ser nomeado um deputado para cada 250 mil habitantes adicionais (buscava-se, assim, diminuir o peso político dos grandes Estados) – acrescidos de cinqüenta representantes de "classes".

Para o Senado, constituído por dois representantes de cada Estado, eleitos por oito anos, reservou-se o papel de "guardião da Constituição", cabendo-lhe agir na "coordenação" dos poderes governamentais. Contavam-se entre suas atribuições, autorizar e/ou suspender o emprego de força federal nos Estados, assim como permitir que Estados e municípios captassem empréstimos no exterior (Dulles, op. cit., loc. cit.).

A Constituição trouxe reformas eleitorais importantes: concedeu-se direito de voto às mulheres, a idade mínima para o alistamento eleitoral foi fixada em dezoito anos (em vez dos anteriores 21 anos), porém manteve-se a proibição de votos ao analfabetos que representavam 75% dos brasileiros adultos, em uma população de 41,5 milhões de habitantes. Apesar das mudanças eleitorais, não houve grande alteração na participação; as discussões em torno da organização política continuaram restritas à minoria (Pinheiro, op. cit., loc. cit.).

Sintetizando as contradições presentes na Assembléia Constituinte, ecoando as muitas vozes que tinham influído em sua redação, a Carta de 1934 incorporou as idéias dos que se inclinavam em favor do Estado coletivista, ou corporativo, e também das preferências dos juristas liberais da velha guarda que, nas palavras de Vargas, "tinham os olhos voltados para trás, para o passado". Dessa babel nasceu o documento jurídico que atribuía ao governo federal a solução dos problemas sociais; entretanto, a autoridade que concedia ao presidente era menor do que a que tinha sido desfrutada por Bernardes e por Washington Luís (Dulles, op. cit., p.146-8).

Pouco antes da promulgação da Constituição de 1934, Getúlio outorgou uma quantidade extraordinária de decretos-lei que o Parlamento, por razões práticas ou políticas, não revogou. Pelo art. 18, das "Disposições Transitórias", todos os atos do governo, dos interventores federais e de outros delegados do governo foram aprovados e declarados não passíveis de exame pelos tribunais. De qualquer modo, a Constituinte estreitou os poderes de Getúlio, até então absolutos; proibiu sua reeleição e aumentou sua responsabilidade na definição das políticas sociais e econômicas (Pinheiro, op. cit., loc. cit.).

Do ponto de vista do movimento revolucionário de 1930, a Constituição deveria ser seu termo de encerramento, pois contemplava as reivindicações liberais, matriz das contestações da década de 1920; as eleições seriam livres, submetidas à supervisão judicial e com voto secreto; com as interventorias e os partidos manipulados pelos agentes do governo federal, o coronelismo, embora não houvesse desaparecido, foi anulado, ficando restrito à esfera dos governos estaduais, que podiam lhe negar pão e água. Em contrapartida, acenava ao movimento tenentista prometendo-lhe a nacionalização dos bancos, das minas e do aproveitamento das águas. Finalmente, nas esferas social, trabalhista e eleitoral, estipulava a assistência às necessidades dos novos atores sociais: classe média, trabalhadores urbanos etc. (Faoro, op. cit., p.325-6).

O presidente Vargas

Realizada a promulgação, a transição foi completada por meio da eleição de um governo constitucional. O presidente provisório era candidato natural lançado por seus partidários como o candidato a sua própria sucessão.

Apesar das articulações de Vargas, seu nome não era consensual. Afastada a candidatura do general Góes Monteiro, dois outros nomes foram cogitados: Afrânio de Melo Franco, figura de agrado das hostes do tenentismo, e José Américo de Almeida, que logo se declarou fiel a Vargas. A candidatura de Getúlio foi lançada oficialmente em 21 de abril de 1934, tendo uma campanha marcada por atos que visavam a criar um clima favorável à sua eleição, como a anistia aos revolucionários de 1932 e a suspensão da censura à imprensa, em 28 de maio de 1934 (Penna, op. cit., p.178).

A CONSTITUIÇÃO BRASILEIRA DE 10 DE NOVEMBRO DE 1937 63

Logo após a promulgação da nova Carta, dever-se-ia realizar a eleição do presidente da República. Antônio Carlos anunciou o critério adotado pela Mesa; cada deputado receberia um envelope, rubricado pelo terceiro secretário; votaria em cabine fechada, depositaria seu voto na urna, ao lado do quarto secretário, e por fim devia assinar o respectivo livro.

O total de votantes foi de 248 deputados, tendo o pleito o seguinte resultado: Getúlio Vargas, 175 votos; Antônio Augusto Borges de Medeiros, 59; Pedro Aurélio de Góes Monteiro, 4; Protógenes Guimarães, 2; Raul Fernandes, Artur Bernardes, Plínio Salgado, Antônio Carlos Ribeiro de Andrade, Afrânio de Melo Franco, Oscar Weinschenck, Paim Filho e Levi Carneiro, 1 voto cada um. Diante do resultado do escrutínio, Antônio Carlos proclamou Getúlio Vargas presidente da República para o quadriênio 1934-38.

O diário da Assembléia registrou palmas prolongadas e aclamações entusiásticas no recinto, tribunas e galerias, após o anúncio do resultado da eleição. Assistia-se a mais uma tentativa de implantação da democracia liberal.

Em 20 de junho de 1934, às 14h, instalou-se a sessão solene de posse do presidente da República, com a presença de 199 deputados. Antônio Carlos designou uma comissão para receber Getúlio Vargas, da qual fizeram parte deputados escolhidos de acordo com sua representatividade.[2] A sessão ficou suspensa até a chegada de Getúlio, ocorrida às 15h 15 min, ali presente para ser empossado presidente e prestar o juramento constitucional.

Parecia um clima de festa, todos aplaudiam. A Assembléia permaneceu de pé, assim como todos os demais presentes. Vargas fez um breve discurso, declarando nunca haver manifestado o desejo de

---

2 Composta por Carlos Maximiliano, Raul Fernandes, Barros Penteado, Sampaio Correia, Pereira Lira, João Beraldo, Abel Chermont, Pires Gaioso, Valdemar Falcão, Generoso Ponce, Nogueira Penido, Nereu Ramos, Alberto Roselli, Idálio Sardenberg, Cunha Melo, Cunha Vasconcelos, Solano da Cunha, Marques dos Reis, Abelardo Marinho, Fernando de Abreu, Adolfo Soares, Euvaldo Lodi, Francisco de Moura, Manuel Góes Monteiro, Nero de Macedo e Deodato Maia.

ser eleito, direta ou indiretamente, mas que se curvava "ante o dever de completar o programa esboçado nesses três últimos anos". Dissertou, em estilo professoral, sobre o que seria necessário fazer pelo Brasil; alegou que as chaves para o progresso do país estavam na saúde pública, na educação, nas comunicações e na abertura de novas indústrias (Dulles, op. cit., p.146-8); em seguida leu o texto do juramento:

> Prometo manter e cumprir com lealdade a Constituição Federal, promover o bem geral do Brasil, observar as suas leis, sustentar-lhe a união, a integridade e a independência.

Sob prolongada salva de palmas, o presidente Getúlio Vargas retirou-se, acompanhado da comissão nomeada, registra o *Diário*. Em seguida, faz-se a convocação para a primeira sessão ordinária (Silva, 1969, p.569-73).

A eleição de Vargas confirmava sua força política, empossado como o primeiro governo constitucional pós-1930, cuja duração foi curta e extremamente agitada. A própria Constituição não resistiu aos apelos autoritários e, cerca de um ano depois de promulgada, já era violada pela Lei de Segurança Nacional (Dulles, op. cit., p.146-8; Penna, op. cit., p.178).

A promessa feita publicamente por Vargas, de defender a Constituição, disfarçava seu descontentamento pessoal com o documento. Em declaração feita a um visitante, no Palácio Guanabara, Getúlio referiu-se à falta de unidade da Constituição ao trazer idéias reacionárias e algumas reformas impraticáveis; lamentou os seus "defeitos" como instrumento para promover a coesão nacional, manifestando seu temor de que o Brasil voltasse a ser vitimado pelas ambições dos Estados poderosos. Comentou que "os constituintes esqueceram o Brasil", e concluiu: "Eu creio que serei o primeiro revisionista da Constituição" (Dulles, op. cit., loc. cit.). Tal atitude evidenciava seu pensamento anteriormente manifestado, por ocasião da visita dos constituintes ao Palácio do Catete, com o intuito de congratularem-se com o presidente por haver promulgado a Constituição, oportunidade em que Getúlio comentou com um dos visitantes ter adquirido o hábito de escrever em papel sem pauta, afirmando: "Vocês vão me obrigar a escrever em papel pautado", recebendo a réplica do constituinte de que, na verdade, era quadriculado, com linhas verticais, além de horizontais (Pinheiro, 1992).

A estrutura burocrática

A segunda fase do governo Vargas trouxe à tona a figura de um chefe de governo comprometido com um projeto liberal democrático, respaldado pela Constituição de 1934. Persistia nessa fase a criação das condições para o funcionamento de uma administração centralizada, assentada em um corpo de técnicos capacitados e recrutados por concurso para as novas agências governamentais.

Para tratar das políticas agrícolas, industriais e de comércio exterior, criaram-se comissões nos Ministérios, nas quais burocratas discutiam com empresários de cada setor as políticas referentes a seus interesses. Implantaram-se, no âmbito federal, políticas antes adotadas regionalmente; criaram-se anéis burocráticos reunindo-se em conselhos, institutos e departamentos, funcionários governamentais e empresários (como no caso do café, do açúcar, do cacau, do mate etc.). Os Ministérios da Fazenda e do Trabalho atuaram incorporando os interesses de setores sociais nas políticas do Estado, por meio das comissões de legislação trabalhista e sindical, da comissão de tarifas, da comissão de similares e do Conselho Federal de Comércio Exterior (Leopoldi, op. cit., p.116).

Na esfera social, o Ministério da Educação e Saúde passou a preocupar-se não apenas com a educação, mas principalmente com a formação desse novo homem que pretendia moldar. Buscava-se "elevar" o nível das camadas populares, desenvolvendo uma ação de defesa e difusão da alta cultura do país, da arte, da música e das letras. Na gigantesca tarefa de forjar a nacionalidade, buscava-se tornar o país homogêneo, aplainando as distinções regionais e raciais que distinguiam negativamente o Brasil. Para tanto, o Ministério da

Educação e da Saúde defendia a difusão de maneira pedagógica e propagandística da música, da educação física, do cinema, do rádio e da habitação (Carneiro, 1999).

A bipolarização política e o início do fechamento do regime

A Ação Integralista Brasileira

A Ação Integralista Brasileira (AIB), experiência ligada à extrema direita, surgiu de um manifesto redigido por Plínio Salgado, em fins de maio de 1932. Todavia, em decorrência da Revolução Constitucionalista, apenas em outubro daquele ano foi divulgado o teor dos objetivos que iriam nortear tal movimento.

O manifesto inicial tinha um cunho doutrinário, intitulado *A concepção integralista do Homem e do Universo*. Apregoava que os povos são dirigidos por Deus e os homens e as classes têm tudo para viver harmoniosamente. Pode-se identificar no movimento integralista uma nítida influência do pensamento católico tradicionalista, evidenciada na recusa à noção marxista em torno da inevitável luta de classes, pela defesa do princípio da autoridade e pela presença marcante de um nacionalismo exacerbado e da defesa do primado da família e da nação, tendo esta última no município sua *cellula mater* (Carone, op. cit.).

Do ponto de vista institucional, político e ideológico, a Ação Integralista Brasileira recebeu influências advindas do fascismo italiano, sobretudo a partir de 1936,[3] quando passou a contar com apoio

---

3 O surgimento de um real interesse por parte do governo italiano, a partir de 1936, comprova-se por telegramas do conde Ciano aos cônsules e à Embaixada no Brasil, em outubro do referido ano, solicitando informações sobre o integralismo e acerca da conveniência de apoiá-lo. Tal consulta obtém da Embaixada do Rio de Janeiro, chefiada por Menzinger, resposta de que o governo italiano deveria, além de ajudar o integralismo por meio da transferência de

financeiro sistemático por parte do governo daquele país. Todavia, cabe destacar que as boas relações entre a AIB e o governo fascista italiano não se limitaram ao mero fornecimento de fundos; elas foram complexas e intrincadas, tendo como veículo para esse íntimo relacionamento as coletividades italianas nas quais esteve presente e atuante uma estrutura de catequese, organizada por parte do governo italiano, assim como órgãos fascistas em ação no Brasil, em especial em São Paulo (Bertonha, 2001, p.85-105). De modo geral, identificam-se as influências do fascismo italiano no integralismo, sobretudo no campo ideológico, em aspectos como a doutrina corporativista, a descrença na democracia, a prioridade do Estado em detrimento da sociedade etc., ou ainda em campos secundários, como na esfera da mítica e do simbolismo, por exemplo, na figura do líder, na coreografia das movimentações, na busca da doutrinação dos jovens (Bertonha, 2001, p.87-9).

A AIB congregou outras entidades, como a Ação Social Brasileira (movimento que contava entre seus adeptos intelectuais conservadores e trabalhistas católicos, em especial Assis Memória, Carlos Maul e Júlio Barata), a Legião Catarinense do Trabalho (comandada pelo tenente Severino Sombra, oriunda em grande parte da Juventude Operária Cristã, do padre Hélder Câmara, de inspiração social-cristã), a Ação Patronovista Brasileira (de João Carlos Fairbans e Ataliba Nogueira, entre outros, criada em 1928, visando combater o regime republicano) e o Partido Nacional Sindicalista (de Olbiano de Melo, adepto das teses corporativistas). Ou seja, a AIB aglutinou grupos heterogêneos que comungavam concepções elitistas representativas de noções da direita radical. Com a unificação desse grupo, em torno da AIB, tal pensamento político ganhou organicidade e, sobretudo, adquiriu dimensão nacional, permitindo

---

subsídios, procurar solidificar e transferir o apoio dos ítalo-brasileiros sob a influência de Roma para o movimento. O *Ministério degli Affari Esteri* não somente aceitou as sugestões de Menziger, como passou a transferir regularmente subsídios financeiros para os integralistas, além de enviar um emissário ao Brasil para estudar o movimento.

a seus integrantes maior capacidade de influência política e de busca do poder (Penna, op. cit., p.182).

A estrutura funcional da AIB estava centrada em torno do chefe, ligado a um Conselho Nacional e a diversos departamentos. Partidários de uma rígida disciplina, os integralistas adotavam um uniforme de milícia e se organizavam em células nos diretórios municipais, escolhendo seus chefes provinciais e seu secretariado submetidos à Câmara dos 400 (que não chegou a funcionar), à Câmara dos 40 (criada em 1936), ao Conselho Supremo ou Nacional e à Corte do Sigma, convocados excepcionalmente (Penna, op. cit., p.184).

Plínio Salgado, ex-membro do Partido Republicano Paulista (PRP), transformou-se no chefe nacional do integralismo. Para ele, o povo se definia "como uma massa escravizada que só poderia ser libertada pelo movimento", ou seja, a população não necessitava ser bajulada; necessitava, tão-somente, ser salva do cativeiro, mesmo que por uma imposição violenta que a arrancasse da inconsciência, transformando-a na "milícia consciente" de camisas verdes. No entender de Plínio, o integralismo era um movimento de redenção nacional, capaz de oferecer ao "messianismo contemplativo" do povo brasileiro um *chefe* dotado da *virtú* maquiavélica. O Brasil necessitava de um "estadista que conjugasse um alto senso teórico e um exato senso prático, a ciência e a arte, a inteligência e a ação, a cultura e a experiência" (Beired, op. cit., p.197) e, obviamente, este estadista era ele próprio.

A filosofia da história postulada por Plínio Salgado afirmava o aperfeiçoamento progressivo da humanidade, com base na visualização de quatro fases da evolução humana: a politeísta, a monoteísta, a ateísta e, finalmente, a integral, também denominada a Quarta Humanidade. Para alcançar a última etapa seria necessária uma "revolução integral", ao mesmo tempo ética, elitista e heróica. Tal sublevação abriria as portas para a construção de um novo tipo de Estado, o Estado Integral, que deveria ser "totalitário" com uma estrutura corporativista (Beired, op. cit., p.43-5).

Além de Plínio Salgado, o integralismo contou, entre seus principais dirigentes, com Miguel Reale, Olbino de Mello e Gustavo

Barroso. Embora houvesse divergências entre os dirigentes integralistas no que diz respeito aos fundamentos teóricos da ideologia do movimento, havia, no entanto, consenso sobre uma série de princípios doutrinários básicos: contundente crítica ao liberalismo, à democracia e ao comunismo, representantes do avanço do materialismo e da ciência desde o início dos tempos modernos. O capitalismo merecia crítica especial, em sua dimensão monopolista e financeira, mas, sobretudo, em sua esfera internacional; para combatê-lo, os integralistas pregavam condutas nacionalistas nos planos político, econômico e cultural.

O integralismo foi o principal movimento de orientação fascista da América Latina. Em 1935, Plínio Salgado avaliava haver 1.123 grupos organizados em 548 municípios, com 400 mil adeptos.[4] Com a intensificação da luta ideológica, sobretudo com a Aliança Nacional Libertadora (ANL), a AIB aprovou em seu segundo congresso, realizado em março de 1935, em Petrópolis, novos estatutos para a organização, abandonou a condição de Centro de Estudo de Educação Moral, Física e Cívica e assumiu a condição de partido político. Em outras palavras, deixou de ser apenas um instrumento doutrinário para se transformar em uma opção política diante do quadro conturbado vivido pelo país (Penna, op. cit., p.183).

Aliança Nacional Libertadora

Nos primórdios de 1935, surgiu uma frente política com influência comunista, integrando os segmentos da esquerda, sindicalistas, além de correntes extremadas do tenentismo. A Aliança Nacional Libertadora (ANL) foi oficialmente fundada em março de 1935, no Rio de Janeiro, sendo ovacionada por publicações da Terceira Inter-

---

4 Acerca do integralismo, uma razoável descrição de seus antecedentes, a evolução do movimento, a sua composição social, assim como a sua organização, podem ser encontradas em CARONE, E., 1974, p.194-223.

nacional[5] como um movimento que ajudaria a "levantar a nação na base do programa popular revolucionário contra os bandidos imperialistas e contra os governos opressores reacionários internos, representados pelo governo de Getúlio" (Dulles, op. cit., p.156). O programa básico da ANL, como uma síntese das propostas da Internacional Comunista,[6] contemplava três pontos: o antiimperalismo, o antifascismo e a luta contra os interesses latifundiários. Defendia-se, em resumo, a instalação de um governo popular, a realização imediata de uma reforma agrária, a suspensão do pagamento da dívida externa e a nacionalização das empresas estrangeiras que operavam no Brasil.

A Aliança Nacional Libertadora recebeu forte influência do Partido Comunista e, sobretudo, de Prestes, herói da Coluna e membro do Comitê Executivo do Komintern, escolhido em 30 de março de 1935 como presidente de honra da organização popular (Dulles, op. cit., p.156). A presença de Prestes na ANL atraiu os segmentos mais combativos do tenentismo, ampliando as coalizões. Ingressaram no

---

5 Em referência ao Partido Comunista Brasileiro, tratando de sua evolução e problemas, o seu modo de organização e de sua forma, a sua rearticulação e ideologia ver CARONE, E., 1974, p.232 a 256.

6 A história da Internacional Comunista remonta a 1864, quando foi criada a Associação Internacional dos Trabalhadores (AIT), integrada por organizações operárias de diversos países europeus, da qual o mentor principal era Karl Marx. Entretanto, a repressão e as crescentes divergências internas enfraqueceram a organização, que acabou sendo extinta em 1876. Treze anos depois, em 1889, foi criada em Paris a II Internacional dos Trabalhadores que, embora vinculada à doutrina marxista, acomodou em seu seio diferentes correntes do movimento operário. Até a eclosão da Primeira Guerra Mundial em 1914, a luta contra a guerra foi uma das principais bandeiras da Internacional; todavia, em face do conflito, as divergências vieram à tona e terminaram por enfraquecer a unidade da associação. Em 1919, logo após a vitória dos comunistas na Revolução Russa, foi criada a III Internacional, ou Internacional Comunista, ou ainda Komintern, cujo principal objetivo era criar uma União Mundial de Repúblicas Socialistas Soviéticas. Dominada pelo Partido Comunista da União Soviética, a Internacional emitia diretrizes que deveriam ser seguidas por todos os seus filiados, inclusive o Partido Comunista do Brasil. Cf. portal www.cpdoc.com.br, acessado em: novembro de 2001.

A CONSTITUIÇÃO BRASILEIRA DE 10 DE NOVEMBRO DE 1937 71

movimento socialistas e reformistas de diferentes matizes, muitos oriundos da decadente aristocracia nordestina, insatisfeitos com os rumos que tomava a Revolução de 1930.

As manifestações públicas da ANL criaram um clima de confronto com os setores mais conservadores do governo, além de gerar numerosos conflitos de rua com seus principais oponentes, os integralistas. Em pouco tempo, a organização formou mais de 1.500 núcleos de militantes e simpatizantes (Carone, op. cit., p.256-79). Só no Rio de Janeiro inscreveram-se na ANL mais de 50 mil integrantes (Carone, op. cit.; Pinheiro, op. cit.; Penna, op. cit.). Em um clima de tensão e intranqüilidade, não bastasse a radicalização da política, à esquerda com a ANL e à direita com o avanço da AIB, a partir de junho de 1935 os confrontos entre ambas assumiram amplas proporções, sobretudo nos famosos comícios de junho, em Petrópolis, quando houve mortes e feridos, ocasionando dúvidas na opinião pública acerca do futuro da democracia no país.

Para julho de 1935, a Aliança Nacional Libertadora organizou um grande comício de comemoração das revoluções tenentistas de 1922 e 1924, a ser realizado na capital federal, Rio de Janeiro, ocasião na qual seria lido o manifesto revolucionário de Prestes à nação. Foi o suficiente para que o país se visse mergulhado em um crescente clima de apreensão, habilmente manipulado por segmentos do poder ligados às hostes governistas, levando a opinião pública a se ver defrontada com o fantasma do comunismo, corporificado, em novembro do mesmo ano, por ocasião da Intentona Comunista.

Da parte governista, entrou em cena a estratégia de alarde com a ação dos comunistas. Sucediam-se, nas primeiras páginas dos jornais, notícias acerca do "rigoroso" policiamento adotado no dia 5 de julho, data do comício; sobre as providências "enérgicas" tomadas pelo ministro da Guerra para manter a ordem; a propósito do "reforço" às guardas dos edifícios públicos na Capital, informando sobre o "fechamento" de sindicatos, como o dos bancários, e da fragmentação de suas sedes no Rio etc.

Conforme o programado, em julho de 1935 Prestes conclamou o povo brasileiro à luta, e afirmou:

O principal adversário da Aliança não é somente o governo podre de Vargas; são, fundamentalmente, os imperialistas aos quais ele serve e que tratarão de impedir por todos os meios a implantação de um governo popular revolucionário no Brasil. Os mais evidentes sinais da resistência que se preparam no campo da reação já nos são dados pelos latidos da imprensa venal, vendida ao imperialismo. A situação é de guerra e cada um precisa ocupar o seu posto. Cabe à iniciativa das próprias massas organizar a defesa de suas reuniões, garantir a vida de seus chefes e preparar-se ativamente para o assalto. A idéia do assalto amadurece na consciência das grandes massas. Cabe aos seus chefes organizá-las e dirigi-las. (Carone, op. cit., p.439)

A partir dessa proclamação, a ANL deixou o flanco aberto à reação conservadora e a uma vigorosa ação do governo, reforçada pela aliança de Getúlio com os militares, a Igreja, os empresários, os intelectuais e os integralistas, a fim de combater o comunismo. Essa aliança contra o inimigo comum foi, seguramente, um dos mais sólidos pilares da escalada para o golpe que conduziu ao Estado Novo (Camargo et al., op. cit., p.34-5).

Mesmo antes da organização da ALN, em 1935, o Congresso já vinha discutindo a ameaça dos "subversivos". Em 30 de março daquele ano, a maioria, liderada por Raul Fernandes, aprovou a *Lei de Segurança Nacional*,[7] fornecendo ao governo poderes especiais para reprimir atividades políticas "subversivas" (Skidmore, op. cit., p.42).

Deste modo, em 5 de julho de 1935, Prestes, com seu discurso inflamado, deu a Getúlio uma oportunidade ideal para se servir da nova Lei de Segurança Nacional. Como desdobramento de sua pre-

---

7 A Lei de Segurança Nacional, promulgada em 4.4.1935, definiu crimes contra a ordem política e social, sendo a sua principal finalidade transferir para uma legislação especial os crimes contra a segurança do Estado, submetendo-os a um regime mais rigoroso, com o abandono das garantias processuais. Aprovada depois de acirrados debates no Congresso Nacional, num contexto de crescente radicalização política, ela foi aperfeiçoada pelo governo Vargas, tornando-se cada vez mais rigorosa e detalhada, sendo a sua aplicação reforçada em setembro de 1936, com a criação do Tribunal de Segurança Nacional. Cf. portal www.cpdoc.com.br, acessado em: novembro de 2001.

cipitação, em 11 de julho, por um decreto presidencial, a ANL foi fechada, com base na Lei de Segurança Nacional, acusada de desenvolver atividades subversivas à ordem política e social.

Em 13 de julho, a polícia invadiu o quartel-general da Aliança, confiscando documentos usados posteriormente para provar que o movimento era financiado do exterior e controlado pelos comunistas. Muitos líderes da esquerda foram presos e o Congresso deixou ao Supremo Tribunal Federal (STF) o julgamento da adequação das medidas repressivas adotadas contra a ANL, em resposta a petições impetradas por seus líderes. O caminho legal foi fechado à esquerda, do mesmo modo que o Congresso – no qual se sobressaíam membros da classe média e da agricultura, com os delegados sindicais, amedrontados com a ameaça comunista – estava pronto a fornecer a Vargas poderes especiais que ele usava em benefício próprio (Skidmore, op. cit., p.143).

A Intentona Comunista

O panorama internacional influiu decisivamente na condução política da esquerda após o fechamento da ANL. A presença dos comunistas na direção do movimento, aliados à tradição militarista e golpista dos egressos do tenentismo, acabou conduzindo à via insurrecional.

A idéia e a perspectiva da probabilidade de êxito de uma tática revolucionária que culminasse em uma revolução popular foram avaliadas positivamente pelos delegados brasileiros na Internacional Comunista. Prestes entusiasmou-se com a perspectiva de ação armada e preparou-se para assumir a direção do movimento revolucionário. Entretanto, a direção do PCB ordenou que qualquer iniciativa insurrecional deveria partir do comando sediado no Rio.

Todavia, precipitando o curso dos acontecimentos, Natal, no Rio Grande do Norte, em 23 de novembro de 1935, foi palco de um inesperado "assalto ao poder" pelos aliancistas, instaurando-se uma junta revolucionária. Com vistas a conquistar a simpatia da população da capital, a junta revolucionária *expropriou* o dinheiro do Banco do Brasil, procedendo em seguida a uma farta distribuição entre os populares e a tropa; confiscou mantimentos para garantir estoque militar e distribuiu o jornal *A Liberdade*. (Pinheiro, op. cit.; Carone, op. cit.; Skidmore, op. cit.). Instalou-se um Governo Popular Revolucionário sob a liderança de João Praxedes de Andrade, sapateiro, membro da direção regional do PCB, ao passo que o governador do Rio Grande do Norte, Rafael Fernandes, e demais autoridades asilaram-se no consulado italiano.[8]

No dia seguinte ao levante de Natal, foi a vez de Recife conhecer situação idêntica, mas a resistência das forças leais ao governo – a despeito da adesão de muitos civis – impôs rendição aos revolucionários. A derrota de Recife isolou o governo revolucionário no Rio Grande no Norte, cujo cerco e controle foram intensificados a partir de 25 de novembro.

Nessa mesma data, foi deflagrado o movimento no Rio de Janeiro, marcado inicialmente para 27 de novembro. Apesar da antecipação, os comandos locais já se encontravam plenamente alertados. O 3º. Regimento da Infantaria na Praia Vermelha foi tomado pelos capitães Agildo Barata e Álvaro de Souza, que não obtiveram êxito porque foram imediatamente cercados, prendendo-se, em seguida, os amotinados. Semelhante desfecho se deu na Escola de Aviação, onde os capitães Agliberto Vieira e Sócrates Gonçalves da Silva, inferiorizados e sem qualquer apoio tático, foram neutralizados pelas tropas leais ao comandante da escola, coronel Eduardo Gomes (Pinheiro, op. cit.; Carone, op. cit.; Skidmore, op. cit.).

Apesar das esperanças, as insurreições não conseguiram levantar as populações urbanas ou provocar as greves operárias com que contavam os revoltosos.[9] A repercussão do movimento foi nula; no

---

8 Cf. www.cpdoc.com.br, acessado em: novembro de 2001.
9 Uma extensa descrição acerca das ações, passos, influências e decisões de personagens ligados ao Komitern e ao fracassado levante comunista brasileiro de 1935, assim como o destino de tais atores após a intentona pode ser encontrada em *Camaradas: Nos arquivos de Moscou: a história secreta da revolução*

dia 27 de novembro, mostraram-se ineficazes os diversos apelos, transmitidos por rádios clandestinas, conclamando os trabalhadores a iniciar greves. Encerrava-se a revolução libertadora aliancista (Pinheiro, op. cit.). Quanto aos motivos da derrota da ANL, talvez possam ou devam ser considerados três fatores: primeiro, o desvio da linha programática de ação das massas no quadro da legalidade, tendendo para um movimento golpista; segundo, a presença de uma concepção voluntária, de origem tenentista que, na prática, não acreditava na eficácia das formas de mobilização de massas; e, por último, a ausência das forças populares do proletariado e do campesinato, figuras de retórica nos manifestos, mas concretamente inexistentes no movimento (Penna, op. cit., p.181-2).

Se política e militarmente a rebelião aliancista representou um patente fracasso, serviu de maneira salutar como justificativa para o endurecimento político e, sobretudo, para a repressão sistemática ao longo de 1936, o que abriu caminho para a ditadura do Estado Novo. A partir das insurreições de Natal, Recife e Rio de Janeiro, o comunismo tornou-se efetivamente o grande tema nacional e, até a instalação do Estado Novo em novembro de 1937, foi em seu nome e pelo temor de sua revolução que foram feitas prisões, torturas e cerceamentos (Dutra, 1998, p.36-8).

O fechamento do regime

Estado de sítio

Entre as repercussões do levante comunista de 1935, muito mais do que seu registro na memória das classes populares que pretendia defender, seu potencial efeito foi aglutinar as elites divididas até en-

---

brasileira de 1935, escrita pelo jornalista William Waack, editada em São Paulo pela Companhia da Letras, em 1993.

tão, acelerando soluções de direita e imolando a frente de esquerda, daí por diante inevitavelmente confundida com as tendências marxistas (Camargo et al., op. cit., p.41-2).

Como conseqüência da revolta de 1935, as forças de repressão adensaram-se no Executivo Federal e o presidente encarnou a função de pacificar a ordem social (Faoro, op. cit., p.334). Enfim, tanto para os militares quanto para o governo, o levante comunista de novembro foi o marco que legitimou a necessidade de implantar medidas de exceção, as quais, por sua vez, ajudaram a promover o reordenamento institucional e político do país (Camargo et al., op. cit., p.59).

Diante dessa justificativa ideal para a repressão da esquerda – com "provas inequívocas do perigo da traição armada" –, Vargas, em 25 de novembro de 1935, solicitou ao Congresso a aprovação do estado de sítio, imediatamente acatado, por um período de trinta dias, o qual seria cronicamente renovado nos dois anos seguintes (Skidmore, op. cit., p.43; Pinheiro, op. cit., p.319).

Imediatamente após a decretação do estado de sítio, foram detidas centenas de civis, acusados de haverem colaborado nas rebeliões. No final de novembro, foram presos os professores da Faculdade de Direito, considerados "marxistas": Leônidas Resende, Hermes Lima, Castro Rebelo e Luís Carpenter. Os dirigentes da ANL, como Cascardo e Sissón, e os líderes das rebeliões, como Agildo Barata, já estavam presos, mas Luís Carlos Prestes e os assessores internacionais continuavam foragidos (Pinheiro, op. cit.).

Em dezembro de 1935, a Câmara dos Deputados concordou em arrochar a Lei de Segurança Nacional, aprovando três emendas constitucionais: autorizou o presidente a demitir sumariamente qualquer funcionário público; fortaleceu o controle de Vargas sobre os militares e concedeu-lhe poderes sobre a promoção de todos os oficiais e a indicação de onde deveriam servir, assim como extensos poderes temporários de emergência (Skidmore, op. cit., p.43-4).

Em um constante clima de tensão, rotineiramente surgiam rumores a respeito de novos planos subversivos, as prisões prosseguiam, bem como as denúncias e a apreensão de livros e material impresso que, segundo as acusações, disseminavam ideologias comunistas. Em meio a esse ambiente de apreensões, no início de março de 1936, a polícia prendeu, em um subúrbio carioca, Luís Carlos Prestes e sua mulher, Olga. O líder comunista assumiu a responsabilidade pelo levante no Rio. Foram apreendidos documentos no apartamento do casal em Ipanema que, segundo os jornais, demonstravam ser o movimento de novembro de 1935 muito mais extenso do que se imaginava. Por causa disso, desenvolveram-se investigações e, como resultado, outras prisões foram efetuadas, atingindo praticamente toda a cúpula nacional e internacional do Partido Comunista. Firmou-se a opinião de que o movimento comunista teria recrudescido mesmo durante a vigência do estado de sítio, demonstrando a insuficiência deste para conter aquele (Pinheiro, op. cit.).

Tribunal de Segurança Nacional

Durante todo o ano de 1936, fez-se presente a aquiescência do Congresso, delegando poderes excepcionais a Getúlio. Quatro vezes durante aquele ano, a casa legislativa renovou o estado de sítio por mais noventa dias. A repressão estendeu-se até mesmo aos membros do Congresso; em março de 1936, um senador e quatro deputados foram presos, e em julho, a Câmara concordou em julgá-los (Skidmore, op. cit. p.44).

Em 15 de julho de 1936, alegando a necessidade de ações mais enérgicas, Getúlio Vargas enviou mensagem ao Congresso Nacional pedindo a criação de um Tribunal Especial para processar os extremistas da esquerda.

João Neves da Fontoura, da minoria Parlamentar, mostrou a "inconstitucionalidade manifesta do pedido", alegando para tanto o "evidente fato de se tratar de um tribunal de exceção, vedado pela Carta Magna" ("não haverá foro privilegiado nem tribunal de excepção", art. 113, § 25, da Constituição de 1934). Segundo João Neves, o projeto, além de apresentar evidente inconstitucionalidade, feria o princípio da irretroatividade da lei penal, pois pretendia aplicar aos réus a lei de 14 de dezembro de 1935 (medidas de endurecimento da Lei de Segurança Nacional), posterior aos acontecimentos em curso de repressão.

Apesar da resistência e da inconstitucionalidade do anteprojeto, o pedido foi concretizado pelo Poder Legislativo, instituindo-se como órgão de Justiça Militar o Tribunal de Segurança Nacional, em 12 de setembro de 1936, a ser composto por juízes civis e militares, devendo tal instância judicial ser ativada quando o país estivesse em estado de guerra. A resolução legislativa foi imediatamente sancionada pelo presidente da República e referendada pelos ministros da Guerra, da Marinha e da Justiça. Foi escolhido como sede do novo Tribunal o Distrito Federal, e sua composição foi definida em cinco juízes, dois dos quais oficiais do Exército ou da Armada, dois civis e um magistrado civil ou militar, escolhidos pelo presidente da República.

A função primordial do Tribunal de Segurança Nacional (TSN) seria processar e julgar, em primeira instância, os acusados de promover atividades contra a segurança externa do país e contra as instituições militares, políticas e sociais.[10] A sua criação facilitou a ingerência do Executivo na Justiça, objetivando efetivamente manter o governo no poder mediante atos policiais de terrorismo e repressão. O TSN preencheu uma lacuna na estratégia totalitária do poder; aliado ao temor que as pessoas começavam a sentir e à vigilância que cada um fazia de si próprio e dos que o cercavam, havia agora um palco de encenações para a farsa judiciária.

Já na segunda sessão do TSN, em 19 de novembro de 1936, determinou-se que suas sessões seriam públicas, salvo nos casos em que os juízes resolvessem o contrário. E, mesmo sendo públicas, só seria permitida a entrada do réu, do seu advogado e das pessoas que o presidente do tribunal autorizasse (Cancelli, op. cit., p.102-3). Quanto aos procedimentos, consultar a obra citada às páginas 103 e 104.

Em 20 de dezembro desse mesmo ano, um decreto presidencial restringiu os direitos dos processados, determinando que a citação

---

10 Cf. portal www.cpdoc.com.br, acessado em: novembro de 2001.

dos acusados seria feita uma única vez por meio de edital, com prazo máximo de dez dias para instrução e julgamento; pelo regime anterior havia necessidade de editais de citação com prazos longos, não só para o início do processo, mas também para a sessão de julgamento; extinguiu-se a interferência do Conselho da Ordem dos Advogados na indicação dos patronos para os réus reveses, ou que ainda não tinham advogado, e a defesa prévia foi abolida (Carone, op. cit., p.351-2).

O Plano Cohen

Em 30 de setembro de 1936, foi apresentado à opinião pública um terrível monstro, trazido à luz dos subterrâneos da sociedade: vinha à tona um suposto plano de um violento golpe articulado com invisíveis forças internacionais – era o plano Cohen. Esse monstro, – que, segundo a visão de muitos, fora inventado pelo Ministério da Guerra – colaborou para alimentar dois mitos políticos: *o do complô internacional comunista*, atrelado ao mito da *conspiração judaica internacional*, cuja essência havia sido inspirada nos *Protocolos dos sábios de Sião*, traduzido e comentado pelo anti-semita Gustavo Barroso (Carneiro, op. cit., p.329-30).

O Plano Cohen, apresentado pelos chefes militares como um documento comunista oriundo do Komintern, surgiu no Estado-maior do Exército de onde foi encaminhado, pelo general Góes Monteiro, ao presidente da República, ao ministro da Guerra, ao chefe de Polícia, aos principais comandos e à imprensa. Distribuído pela Casa Militar e pelo Departamento de Propaganda, o documento chegou aos jornais no dia 29 e apareceu como destaque no dia 30 de setembro. Divulgado em capítulos pela *Hora do Brasil*, seu texto visava informar a nação do tenebroso plano organizado pelos dirigentes do partido comunista russo, no qual estavam previstos desde depredações e incêndios até o desrespeito à honra e aos sentimentos mais íntimos da mulher brasileira (Carone, op. cit., p.369).

As versões sobre a origem do Plano Cohen[11] são as mais variadas. Para alguns, o capitão Olímpio Mourão Filho (integralista) teria redigido um documento mostrando como "se desenrolaria o golpe marxista" (plano *defensivo*), e o Exército utilizou-o com "caráter *ofensivo* como um plano a ser desfechado em breve pelos comunistas" – enfim, o Plano Cohen serviu como arma consciente e psicológica para amedrontar e pressionar. Outra versão sustenta que o documento divulgado oficialmente aos jornais, pelo Departamento de Propaganda do governo, trazia um conteúdo absurdo e fantasticamente pueril; era um programa fantasioso de "normas" de ação dos comunistas, destinadas a destruir toda a sociedade capitalista e seus valores básicos, como a família, a moral, o Exército, a Igreja etc. (Carone, op. cit., p.36).

Para outros, tratava-se, na realidade, de um plano de operações simples, cujo autor não foi um certo "Cohen", ou algum integrante de cúpula do movimento judaico comunista internacional, mas sim o capitão do Estado-Maior, Olímpio Mourão Filho, chefe da milícia integralista e mentor de seu serviço secreto. O escrito de que o Estado-Maior do Exército se apoderou era o capítulo II, item XIV, do Boletim de Informações nº 4, elaborado pelo serviço secreto da Ação Integralista Brasileira (AIB). Na verdade, esse do-

---

11 Em março de 1945, quando o Estado Novo já se encontrava em crise, o general Góes Monteiro, isentando-se de qualquer culpa, denunciou a fraude de oito anos atrás. Segundo ele, o plano fora entregue ao Estado-Maior do Exército pelo capitão Olímpio Mourão Filho, chefe do serviço secreto da Ação Integralista Brasileira (AIB), o qual admitiu ter elaborado o documento como simulação de uma insurreição comunista para ser utilizado estritamente no âmbito interno da AIB. O primeiro contato de Góes Monteiro com o documento fora mediado pelo general Álvaro Mariante, que havia se apropriado indevidamente do mesmo. Olímpio Mourão reputou o seu silêncio diante da fraude à disciplina militar, à qual estava obrigado; Plínio Salgado, que participara ativamente dos preparativos do golpe de 1937, retirando inclusive a sua candidatura presidencial para apoiar a decretação do Estado Novo, afirmaria mais tarde que não denunciou a fraude pelo receio de desmoralizar as Forças Armadas, única instituição, segundo ele, capaz de fazer frente à ameaça comunista. Cf. portal www.cpdoc.com.br, acesso novembro de 2001.

cumento era uma fração de um amplo documento forjado para atender à pedagogia integralista de orientação, ao mesmo tempo anticomunista e anti-semita. O Plano Cohen era o recorte de um extenso programa elaborado coletivamente pelo serviço secreto da AIB e rejeitado pelo chefe da organização, Plínio Salgado, por ter sido considerado demasiadamente fantasioso, traçando uma imagem dos comunistas tão pouco convincente quanto irrealista.

Há diversas versões explicativas acerca do modo, canais, mentores, colaboradores e agentes dessa apropriação por parte do Estado-Maior do Exército. A despeito das diferenças de interpretação, todas ressaltam algumas evidências que se não permitem esclarecer, ao menos tornam possível delinear o enigma.

Em primeiro lugar, o plano teria contado com a participação direta e aberta de oficiais reconhecidamente ligados ao movimento integralista. Sugestivamente, sua existência foi objeto de conversações entre Francisco Campos, futuro ministro da Justiça, e Plínio Salgado, em reuniões realizadas em meados de setembro – quinze dias antes de sua divulgação oficial –, na qual se estabeleceram entendimentos para viabilizar o apoio efetivo do integralismo ao golpe. Além disso, evidentemente é difícil que um plano dessa envergadura tenha sido obra exclusiva de um simples capitão de Estado-Maior, como sugere a versão de Góes Monteiro, ao atribuir ao capitão Mourão inteira responsabilidade no episódio, alegando que tal documento estaria sendo datilografado por Mourão nas dependências do Estado-Maior do Exército, sendo identificado pelo então major Caiado de Castro, que levara a informação a Góes (Camargo et al., op. cit., p.214-5).

Versões e explicações à parte, o certo é que a partir da ampla divulgação do Plano Cohen, Getúlio passou a pressionar as forças políticas vacilantes. O ministro da Justiça, José Carlos de Macedo Soares, foi convocado e enviou ao Congresso Nacional mensagem pedindo a "necessária autorização para a declaração de estado de guerra, pelo prazo de noventa dias". A Exposição de Motivos integrada à mensagem transcrevia a advertência dos ministros da Guerra e da Marinha, sublinhando que o "o crime de lesa-pátria praticado em novembro de 1935 estava prestes a ser repetido, com maior energia e mais segurança de êxito".

O estado de guerra

O pedido de estado de guerra não foi recebido pacificamente pelo Congresso; a bancada de São Paulo, consciente do perigo de um golpe de Estado, liderou a oposição a Getúlio Vargas. Todavia, se havia deputados e senadores que consideravam a efetiva necessidade da medida, como Otávio Mangabeira, havia outros, como João Neves da Fontoura, constantes críticos do governo Vargas, que agora estavam convencidos da aparente gravidade da situação diante da solicitação e pressão das Forças Armadas para a aprovação do pedido de Vargas. A dualidade de posições terminou com a vitória da maioria governamental e a conseqüente aprovação do estado de guerra, com um total de 138 votos contra 52, na Câmara e, no Senado, de 23 contra três. Assim, em 2 de outubro de 1937 foi decretado o *estado de guerra* (Carone, op. cit., p.371).

Na tarde do dia 2 de outubro, Vargas assinou o Decreto nº. 2005, nomeando como executores do *estado de guerra* os governadores dos Estados, à exceção de São Paulo e Rio Grande do Sul. Nestes dois casos, a tarefa caberia, respectivamente, aos generais Pargas Rodrigues e Daltro Filho. No Distrito Federal, foi nomeado executor o próprio ministro da Justiça, substituído dias depois por Felinto Müller (Camargo et al., op. cit.).

Com o *estado de guerra*, acirrou-se a censura à imprensa, suspendeu-se a imunidade parlamentar e a campanha sucessória entrou em retraimento irreversível. No Congresso, Adalberto Corrêa insistia na ameaça vermelha, denunciando a existência de uma "bancada comunista" e afirmando haver uma explosão no país antes de 3 de janeiro de 1938, data das eleições, "cuja realização o comunismo deliberou impedir". Os governadores de Bahia, Pernambuco, Amazonas, Paraíba e Piauí telegrafaram a Vargas solidarizando-se com a atitude tomada. Posição semelhante foi assumida pelo governador paulista, Cardoso de Melo Neto, que, diante do acirramento político, procurou maior aproximação com Vargas, selando definitivamente seu distanciamento das forças comprometidas com Armando de Sales Oliveira, não-alinhadas com as manobras em favor do golpe (Camargo et al., op. cit.). Com o decreto de 7 de outubro de 1937, Vargas criou a Comissão Executora do Estado de Guerra, composta pelo ministro da Justiça Macedo Soares, o general Newton Cavalcanti e o almirante Dario Paes Leme de Castro. Elucidativa do espírito de radicalização que prevaleceu na comissão foi a declaração do almirante Dario Paes Leme de Castro à imprensa: "Quem não for contra o comunismo é comunista". Essa opinião foi corroborada por Newton Cavalcanti, para quem os inimigos da Pátria eram "os comunistas e os indiferentes". Após vários encontros com autoridades militares e com ministros de Estado, e uma reunião ministerial realizada em 14 de outubro, a *Comissão Executora do Estado de Guerra* divulgou suas resoluções, contidas em catorze pontos, agrupados em quatro itens assim definidos:

I - Medidas de caráter imediato
  1 - Proceder à prisão de todos os suspeitos de atividades comunistas com devassa sobre sua vida passada e presente.
II - Medidas de caráter preventivo
  1 - Criar "colônias agrícolas" de reeducação de comunistas não perigosos;
  2 - Organizar "campos de concentrações militares" para a reeducação dos elementos jovens simpatizantes do marxismo;
  3 - Designar prisão em ilha da União para receber os chefes, insufladores e propagandistas ostensivos da ideologia marxista;
  4 - Criar campos de concentração em moldes escotistas para o combate sistemático ao comunismo;
  5 - Organizar comissões para todos os graus de ensino para o combate sistemático ao comunismo;
  6 - Criar uma sistemática entre os professores mediante os ministérios e as secretarias, para a realização de preleções curtas diárias contra o comunismo;

7 - Apreender todo o material didático simpático ao comunismo;
8 - Obrigar a imprensa a uma campanha anticomunista.

III - Medidas de caráter permanente a serem solicitadas ao Presidente da República
1 - Leis que garantam, sem caráter excepcional, o cumprimento das decisões acima;
2 - Julgamento sumário, condenação e segregação dos elementos nocivos à paz e à ordem sociais;
3 - Detenção, com ou sem estado de guerra, de todos os simpatizantes do comunismo;
4 - Criação da Polícia Federal, facultando-lhe a repressão ao comunismo em qualquer parte do território nacional.

IV - Medidas repressivas:
1 - Preparar todas as condições de repressão a movimentos comunistas ou de perturbação à ordem usando-se, neste caso, todo o vigor da lei nacional. (ibidem, p.218-20)

Os últimos suspiros do regime constitucional de 1934

Em 3 de novembro de 1937 foi publicado um decreto presidencial extinguindo a AIB; os núcleos do movimento foram indistintamente fechados. Ao atrair seus dirigentes, Vargas neutralizou as suas bases convencidas de que, finalmente, o governo se curvara à força de suas idéias. Essa manobra liquidou praticamente qualquer forma de resistência. A revista *Anauê,* órgão do movimento integralista, foi proibida de circular (Penna, op. cit., p.184).

Já no dia 5 de novembro, o jornal *Correio da Manhã* denunciava o golpe. E a 8 de novembro de 1937, ciente de que nada poderia fazer a favor da legalidade, o ministro da Justiça José Carlos de Macedo Soares demitiu-se, sendo substituído por Francisco Campos, o autor da nova Constituição. Nesse mesmo dia, Armando de Sales Oliveira reuniu-se com todo o Estado-Maior da União Democrática Brasileira e decidiu jogar, ceticamente, a última cartada: aceitando a opinião de Antônio Carlos, Artur Bernardes, Waldemar Ferreira, Otávio

Mangabeira, Sampaio Corrêa, João Carlos Machado, Prado Kelly e outros, resolve difundir um manifesto *Aos Chefes Militares do Brasil*. De autoria do próprio Armando de Sales Oliveira, o Manifesto trazia um teor apelativo, conclamando os brasileiros a integrarem-se em uma luta em busca do cumprimento da lei eleitoral. Apelava aos militares para que preservassem e defendessem a ordem ameaçada de sublevação. Nos dizeres de Armando Sales: "Confio na palavra dos chefes militares, que assumiram compromissos de honra com a nação; a nação está voltada para os seus chefes militares: suspensa, espera o gesto que mata ou a palavra que salva". A determinação em romper o impasse precipitou os acontecimentos: no dia 9, o Manifesto foi lido no Senado e na Câmara Federal, nesta por João Carlos Machado; no mesmo dia, depois de impresso em volantes, foi distribuído nos quartéis.

Conscientizando-se do risco de mobilização, Getúlio Vargas, Góes Monteiro, Eurico Gaspar Dutra e outros determinam a antecipação do golpe, antes marcado para o dia 15 de novembro. Desse modo, no dia 10 de novembro de 1937 as tropas do Exército brasileiro entram em prontidão; os prédios do Senado e da Câmara Federal são cercados (Camargo et al., op. cit.). Disso trataremos no próximo capítulo. Mas, antes, uma palavra acerca do poder civil, do comunismo e sobre os intelectuais.

As eleições de 1938

O poder civil, embora fragmentado e aparentemente dócil, ofereceu algumas resistências ao projeto centralizador dos militares e de Vargas. Tal resistência partiu, sobretudo, do poder regional, cioso de sua autonomia, e detentor, ainda, de certa capacidade de controle político. No campo civil, entre 1934-37, o poder oligárquico, variável segundo a força dos Estados, manifestou-se nas frentes regionais ou mesmo no Congresso. Submetê-lo ao poder central foi por vezes tarefa que exigiu afinco, habilidade e determinação de Vargas e seus colaboradores. Veja-se, por exemplo, a vigorosa resistência oferecida pelo Rio Grande do Sul (Camargo et al., op. cit., p.75).

A partir de 1936, a despeito da repressão contra a esquerda, iniciaram-se os planos e a campanha para a eleição federal. No Congresso Nacional, reacendeu-se o debate em torno da sucessão presidencial e tiveram início os arranjos políticos para o pleito direto que envolvia, além da Presidência da República, as cadeiras do Senado e da Câmara dos Deputados. Pelo teor da Constituição de 1934, Vargas estava impedido de tentar a reeleição, ou seja, legalmente, sua reeleição ou a prorrogação do seu mandato só seria possível caso houvesse uma reforma constitucional, para a qual se necessitava do apoio de dois terços do Congresso. Outro dado importante era que o prazo legal para a desincompatibilização dos governadores e dos ministros de Estado, eventuais concorrentes à Presidência da República ou até mesmo ao Senado e à Câmara Federal, expirava em 1º. de janeiro de 1937 (Skidmore, op. cit., p.44).

A despeito das constantes tentativas de Vargas de adiar a discussão sucessória, essa questão mobilizava as mais expressivas lideranças do país. Flores da Cunha cogitava a candidatura do mineiro Antônio Carlos, presidente da Câmara; o governador baiano Juracy Magalhães apoiava o senador Medeiro Neto; e o governador paulista, Armando de Sales Oliveira, preparava-se para lançar seu próprio nome.

Ao mesmo tempo em que o debate sucessório se intensificava, Getúlio empreendia uma série de consultas aos governadores dos Estados, contando para isso com o auxílio de Agamenon Magalhães, sondando-os acerca da possibilidade de virem a apoiar uma reforma constitucional que garantisse a prorrogação de seus próprios mandatos, bem como o do presidente da República. Essa sondagem evidenciava que, sem aqueles apoios, dificilmente seria possível obter os dois terços do Congresso, necessários para a reforma da Constituição, e sem reforma constitucional estava legalmente vedada a permanência de Vargas no poder (Camargo et al., op. cit.).

Esboçava-se assim, já em meados de 1936, a perspectiva de um golpe; se não era possível reformar a Constituição de 1934, seria preciso, então, rasgá-la. Além disso, ficava evidente que nenhuma modificação mais profunda nas regras do jogo político poderia ser feita em bases puramente civis: tornava-se necessário compor uma sólida aliança entre o Executivo e os militares. O primeiro passo importante nessa direção foi dado em agosto de 1936, graças à reaproximação e aos entendimentos entre Vargas e o seu ex-ministro, o general Góes Monteiro, que desde janeiro exercia as funções de inspetor do 1º Grupo de Regiões Militares, abrangendo o norte do país (Camargo et al., op. cit).

A partir de entendimentos prévios, em agosto de 1936, Getúlio e Góes concordaram ser mais urgente neutralizar a resistência de Flores da Cunha ao governo central do que vencer a eventual relutância do Congresso em apoiar a continuidade de Vargas no poder. Impunha-se, como tarefa fundamental e inadiável, a neutralização do líder gaúcho, colocada imediatamente em prática (Camargo et al., op. cit , p.101-3).

Durante o primeiro semestre de 1937, Vargas pôs em andamento um duplo estratagema: por um lado, parecia cooperar com os preparativos para a campanha presidencial, negociando com os líderes estaduais; por outro, trabalhava para isolar os mais refratários dentre estes, por meio de uma nova série de intervenções no Mato Grosso, Maranhão e Distrito Federal, substituindo as lideranças eleitas por homens de sua confiança (Skidmore, op. cit., p.46).

Em meados de 1937, surgiram dois candidatos para a sucessão presidencial. Uma aliança política recentemente formada, a União Democrática Brasileira (UDB), apoiava Armando Sales de Oliveira, governador de São Paulo, que terminava uma administração bem-sucedida, um autêntico porta-voz do constitucionalismo liberal, defensor da democracia social. O segundo candidato era José de Américo de Almeida, um antigo tenentista, romancista e político da Paraíba, que se destacara como líder da Aliança Liberal, em 1930, e como porta-voz das medidas nacionalistas autoritárias (como eram defendidas pelos tenentes) nos dois primeiros anos após a revolução de 1930. Na campanha presidencial, José Américo tentou mobilizar os eleitores da classe média, argumentando que apenas pelo exercício do sufrágio poderia obter seus direitos sociais e econômicos. Em termos gerais, ele era considerado o candidato do governo, faltando-lhe apenas o endosso formal de Vargas (Skidmore, op. cit., p.44-5). Os integralistas, por sua vez, lançaram seu chefe, Plínio Salgado, após reunião de seu organismo partidário, em junho de 1937. Com candidato próprio, a AIB visava a alcançar um meio eficaz de propagar seu ideário, uma vez que as possibilidades de sua vitória eleitoral eram mínimas (Penna, op. cit., p.183).

Ao longo de 1937, o processo eleitoral sofreu um progressivo esvaziamento e a própria candidatura situacionista perdeu gradativamente consistência. José Américo de Almeida, que em nenhum momento obteve o apoio de Vargas, buscou marcar sua diferença em relação a Armando Sales, oposicionista, sustentando um discurso radical de forte apelo popular, ao mesmo tempo em que, excessivamente preocupado com o Norte, provocou um deslocamento progressivo de outras forças regionais que o apoiavam. Vargas, por sua vez, promovia um cerco aos focos de resistência ao continuísmo, especialmente em Pernambuco, na Bahia e no Rio Grande do Sul, levado a efeito por meio de acusações públicas ao governador pernambucano, Lima Cavalcanti, de envolvimento com o comunismo – o que abriu uma disputa estadual acerca da liderança do partido entre o governador e a dissidência organizada em torno do ministro Agamenon de Magalhães. Houve ainda boatos de intervenção na Bahia, governada por Juraci Magalhães, e arranjos militares, por parte de Góes, para solapar militarmente Flores da Cunha, governador do Rio Grande do Sul.[12]

No segundo semestre de 1937, cresceram os rumores de que Vargas pretendia continuar no poder, ainda que fosse necessário recorrer à força das armas. Os políticos do Congresso começavam a sentir as possíveis implicações dos movimentos de Vargas e pela primeira vez, desde 1935, recusaram-se a renovar o estado de sítio. Diante dessa situação, Vargas adotou uma nova estratégia: passou a

---

12 Cf. portal www.cpdoc.com.br, acessado em: novembro de 2001.

liberar os "subversivos"; anistiou políticos de esquerda, dramatizando com isso a "ameaça" comunista às classes médias, aos políticos estaduais conservadores e aos militares. Lutas de rua entre os "camisas verdes" e seus desorganizados provocadores da esquerda estouravam repentinamente. Em agosto, um conflito em Campos, cidade do Estado do Rio de Janeiro, resultou em treze mortes. A campanha presidencial achava-se agora sob uma nuvem crescente de violência antidemocrática. Por fim, esta fica praticamente suspensa, a partir da decretação do estado de guerra, em 2 de outubro de 1937 (Skidmore, op. cit., p.46-7).

O grande fantasma – o comunismo

O comunismo foi o grande catalisador de sentimentos, mobilizando temores de desintegração da sociedade e de instauração do caos. As representações negativas em torno desse elemento foram muito fortes e o anticomunismo acabou sendo um dos pilares na edificação do Estado Novo, possibilitando a integração dos aliados do regime contra esse inimigo comum, disseminado pela sociedade. O evento aglutinador da reação anticomunista foi o levante de 1935, utilizado como pretexto para a concretização de medidas fortalecedoras do Estado em nome da segurança nacional (Dutra, op. cit.).

Se em um primeiro momento os "políticos incompetentes da República Velha", que não conseguiram desenvolver o progresso dentro da ordem, figuraram como inimigos no imaginário político varguista, as representações sobre eles não tiveram a mesma força das imagens associadas ao marxismo (Capelato, 1998, p.52). O inimigo potencial, construído pelo Estado, eram os comunistas; foram eles os que mais impulsionaram a ação da polícia, mais justificaram sua existência e mais fortemente serviram à identificação mítica coletiva de sua ideologia como obra do demônio (Dutra, op. cit.).

Desde as primeiras décadas do século XX, quando o mercado de trabalho nas grandes cidades brasileiras começou a delinear-se, sobretudo com base na imigração européia e no crescimento das indústrias, havia um cuidado policial com ideologias que tivessem a pretensão de disseminar-se entre os trabalhadores e perturbar a produção e a ordem social, chegando-se até mesmo a expulsar estrangeiros. O diferencial foi que, no período Vargas, os comunistas, quer militantes, quer simpatizantes, foram tomados como inimigos nacionais. Encarnavam a qualidade do "inimigo objetivo", parte de um papel importante na estratégia política para a criação do mito de uma conspiração, visando liquidar facções divergentes no interior da sociedade; no caso brasileiro, a perseguição e os assassinatos de membros da ANL e a justificativa da existência de um Estado e sua autorepresentação como sujeito histórico. Com o surgimento e a utilização política do Plano Cohen, o regime pôde manipular uma sociedade receptiva à idéia dos comunistas como o grande mal da nação (Cancelli, op. cit., p.81-2).

A importância da figura do inimigo estrangeiro nas manifestações nacionalistas é esta: além de excitar a fé patriótica do povo, é um alvo preferencial utilizado pelo nacionalismo, que faz recair sobre ele a culpa das mazelas da sociedade, constituindo-se, ao mesmo tempo, em objeto fácil para a "agressão simbólica diária". Graças à figura do inimigo, escondem-se as divisões e fraquezas da ordem – conservadora ou radical – e pode-se atrair uma coleção heterogênea de aliados. A sua figura põe em cena um dos temas essenciais e freqüentes na fraseologia nacionalista: a defesa da soberania da pátria e da grandeza nacional; e a concretização da ameaça, que requer atitudes de defesa do poder em dois níveis: no externo, diante da possibilidade de invasão do inimigo estrangeiro; e, no interno, em face do perigo de uma comoção social. No caso brasileiro, a ameaça dos comunistas ligava-se às intempéries sociais que poderiam resultar da ação dos aliados e cúmplices de Moscou, ou seja, os intelectuais comunistas e os agitadores (Dutra, op. cit.). Nesse cenário, restava à sociedade e ao Estado brasileiro defenderem-se da ameaça; em síntese, reprimir, desconfiar, precaver-se, controlar.

A política cultural – modernismo e repressão

Se o modernismo ganhou fôlego, a partir da revolução de 1930, entre 1934 e 37, serviu de base para o ufanismo que varreu o campo social e político; mais do que nunca, a busca pelo moderno dominou e fundamentou reflexões e práticas.

Pensar o Brasil significava conceber uma identidade nacional a ser definida naquele momento, de forma distinta das concepções oligárquicas antecedentes a 1930. Pensar a sociedade nacional implicava considerar a problemática da cultura popular e, não raras vezes, o movimento intelectual assumia em relação a esta uma conduta intervencionista ou domesticadora (Ortiz, op. cit.).

A atitude intervencionista englobava intelectuais dos mais diversos campos e matizes político-ideológicos; em algumas dimensões, esses intelectuais procuraram intervir em determinadas práticas populares com o propósito de favorecer a adaptação dos cidadãos à nova realidade e ordem social. A ingerência assumiu, por vezes, caráter repressivo, como no caso de Leonídio Ribeiro, médico legista da Escola Nina Rodrigues, ao exigir providências policiais para o extermínio de algumas tendências do espiritismo (Maggie, 1985).

Vivenciou-se naquele momento, no campo intelectual, um embate em torno da oportunidade de influenciar ou mesmo forjar políticas públicas destinadas a desenvolver, especificamente no plano cultural, formas e estilos que incorporassem uma realidade pouco estudada em projeto de transformação dessa mesma realidade, no qual os modernos sobressaíram-se sobre os tradicionalistas (Bomeny, 1991).

Tal confronto se deu de forma evidente e concreta, entre 1935 e 1937, no terreno da arquitetura e do patrimônio. A vitória dos primeiros ocorreu de início no concurso do prédio do MES, oportunidade na qual Lúcio Costa conseguiu provar, perante os acadêmicos e neocoloniais, o fato de suas construções serem simultaneamente novas, nacionais e estruturalmente ligadas a uma tradição pretérita; em seguida, a construção, segundo as linhas modernas, de um imponente hotel projetado por Oscar Niemeyer, em Ouro Preto, alavancou o triunfo moderno. Como desdobramento da proeminência modernista, estes foram convocados para formar os quadros da Secretaria de Patrimônio Histórico e Artístico Nacional (SPHAN), passando a deter o poder de seleção do que deveria ser sacrificado ou conservado como monumento nacional, por meio de processos de tombamento (Cavalcanti, 1999, p.184-5).

A primazia dos modernos foi decorrência, em grande medida, de seus trabalhos pormenorizados acerca da arte, arquitetura, etnologia e músicas nacionais, em oposição ao discurso tradicionalista[13] entrecortado por uma exaltação nostálgica, assim como de seu projeto de nação, globalizante e sofisticado, abrangendo a complexa realidade brasileira.[14]

---

13 Ao se referir aos tradicionalistas, o autor elenca Gustavo Barroso, fundador e diretor do Museu Histórico Nacional e membro da Câmara dos Quarenta, órgão máximo do Partido Integralista. Embora Barroso não tenha desenvolvido um corpo específico de idéias ou práticas em relação ao patrimônio, fez publicar, nos *Anais do Museu Histórico*, estudos que se dedicavam a louvar ações militares pretéritas, enaltecer o culto religioso aplicado às artes, assim como o uso de brasões e suas aplicações em louças de porcelana.

Entre os opositores dos modernos, contava-se também José Mariano Filho, médico, crítico de artes, jornalista, professor de anatomia e diretor da Escola Nacional de Belas Artes e chefe, no Rio de Janeiro, da corrente neocolonial, principal competidora dos modernos pela primazia na condução oficial da renovação arquitetônica nacional e pelo estudo do passado nacional. Mariano defendia que "a única estrada que nos conduzirá à verdade é a estrada do passado. Volvamos o espírito para trás e contemplemos o imenso patrimônio de arte legado por nossos avós". Em relação ao patrimônio, propunha a criação de um Museu de Arte Retrospectiva, destinado ao culto da arte tradicional erudita com o programa de reconstituir pacientemente, através dos documentos arquitetônicos das épocas respectivas, as grandes etapas da arquitetura, da pintura e da escultura brasileira, caracterizadas pelas três grandes fases de sua evolução artística: a colonial desde a colonização ate D. João VI; e as fases de transição do primeiro e segundo impérios, com o estudo paralelo da arquitetura interior (mobiliário, artes menores) correspondente a cada um desses períodos". Sugeria ainda a criação da Inspetoria de Monumentos Públicos para "amparar o patrimônio artístico da nação", defendendo a desapropriação, por utilidade pública, dos "grandes edifícios" característicos da arquitetura civil e religiosa que nos chegaram do passado (CAVALCANTI, op. cit., p.183-4).

14 Ibidem.

Caberia indagar quais teriam sido os motivos que levaram os principais intelectuais modernos, entre os quais o próprio Mário de Andrade, a atuar nas repartições varguistas. Deve-se considerar que a baixa remuneração percebida obrigava-os a exercer outras atividades de modo a completar seu orçamento. Tal fato repele a hipótese extensamente difundida de que Getúlio cooptou os intelectuais por meio de suas contratações. Pode-se considerar possível fator dessa adesão a crença de que o Estado era o lugar da renovação e da vanguarda naquele momento, assim como o vislumbre da possibilidade de aplicar na realidade idéias e interpretações praticadas nas páginas de seus livros.[15]

A repressão e o saneamento cultural

Se, por um lado, houve íntima vinculação entre práticas políticas e influência intelectual moderna, observou-se como reverso dessa moeda um amplo processo de repressão. Enfim, esteve também em cena, nessa segunda fase do governo Vargas, um saneamento ideológico, o qual será aprimorado após o Estado Novo. Adentra-se, aqui, a esfera de ação das Delegacias Especiais de Segurança Política e Social, progenitoras do futuro *Departamento de Ordem Política e Social* (DOPS).

A polícia política teve seu embrião na Capital Federal, o Rio de Janeiro, surgindo formalmente em janeiro de 1933 com a criação da Delegacia Especial de Segurança Política e Social (DESPS), encarregada dos chamados crimes políticos e sociais. Formalizada pelo Decreto n° 22.332, a DESPS tinha por objetivo entrever e coibir comportamentos políticos divergentes, considerados capazes de comprometer "a ordem e a segurança pública", estando diretamente subordinada à Chefia de Polícia do Distrito Federal; contava com uma tropa de elite, a Polícia Especial, competindo-lhe examinar pu-

---

15 Ibidem.

blicações nacionais e estrangeiras e manter dossiês sobre todas as organizações políticas e indivíduos considerados suspeitos, assim como determinar as diretrizes básicas do controle social a ser exercido pelas polícias dos Estados, ainda que estas fossem formalmente subordinadas aos governos locais.[16] Com a decretação do Estado Novo, inspirado no modelo nazista, deu-se caráter especial ao departamento que passou a denominar-se[17] Departamento de Ordem Política e Social (DOPS), incumbido, entre outras atribuições, de preservar e reprimir os crimes e atividades contra a personalidade internacional, a estrutura e a segurança do Estado e a ordem social (Benevenuto, 1991, p.70).

Ao considerar-se o universo do controle da cultura, revela-se o limite imposto pelo regime varguista à circulação de idéias, ditas "revolucionárias". Na qualidade de repressores, os homens de Vargas, contrários às mudanças sociais, impuseram regras à sociedade em nome da justiça, da ordem e da segurança nacional. As autoridades policiais, como executoras das proibições, submeteram cotidianamente homens e idéias ao controle seletivo no intuito de purificar a sociedade, concretizando e operacionalizando os limites entre o lícito e o ilícito. Por meio do saneamento ideológico, objetivou-se impedir a circulação de idéias rotuladas de perigosas que, como tais, deveriam ser cerceadas por serem "bandidas", ou seja, por agirem e tramarem contra a ordem imposta.

Em relação aos "inimigos" estrangeiros, desde que não se apresentassem como "revolucionários", a idéia era integrá-los ao grande projeto de construção nacional. No caso de reações contrárias, acionava-se um discurso estereotipado e carregado de estigmas que, propagados pelos meios de comunicação, contribuíam para fortalecer o arsenal negativo edificado contra alguns grupos tradicionalmente

---

16 Cf. portal www.cpdoc.com.br, acessado em: novembro de 2001.
17 Uma caracterização da formação estrutural e funcional do DOPS, acerca de seus setores básicos e o que competia a cada um, pode ser encontrada no artigo "A polícia política no Estado Novo: o espelho da ditadura", de Estela Carvalho Benevenuto. Apud SILVA, J., 1991, p.70-1.

excluídos. Neste contexto, a polícia política (DESPS e posterior DOPS) assumiu um papel essencial na dinâmica instituída pelo processo de domesticação das massas, ao empreender o bloqueio da heterogeneidade do pensamento e tentar silenciar aqueles que eram considerados "potencialmente perigosos" (Paranhos, 1997, p.29).

Graças à homogeneização do pensamento, diminuíram-se os riscos de contestação, seguindo-se atentamente o padrão de construção do consenso. Daí não serem aleatórias a censura oficial e a repressão aos intelectuais pela polícia política, cuja ação diária, calcada em constantes relatórios de vigilância domiciliar, envolvia a apreensão de provas comprometedoras e constantes prisões, acompanhadas de intensos interrogatórios, registrados como meros "termos de declaração", com o expresso objetivo de dominar pela força, definindo as fronteiras entre o lícito e o ilícito (Carneiro, op. cit., p.334-6).

Após a instauração do Estado Novo, o DOPS abriu o leque dos inimigos da ordem. Anteriormente, os inimigos eram os desajustados sociais (prostitutas, bêbados, desordeiros de toda espécie e comunistas), mas o quadro recebeu outros atores. Além dos já citados, consideravam-se possíveis opositores à construção da nacionalidade alemães, italianos e asiáticos e seus descendentes (Benevenuto, op. cit., p.72).

As Delegacias Especiais de Segurança Política e posteriormente o DOPS funcionaram como engrenagens reguladoras das relações entre o Estado e o povo, verdadeiras máquinas de filtrar a realidade, deformando fatos e construindo falsas imagens (Carneiro, op. cit., p.339), regulagem cujo cenário principal era o mundo das prisões; na repressão varguista, a miséria humana intermural da prisão era a tônica, a farsa, o jogo. Enfim, toda essa rede estaria interligada com base em um grande pilar de sustentação: o poder policial que servia ao regime (Cancelli, 1992).

A prisão era a prova de um martírio reservado àqueles que não se enquadravam no mundo que pretendia ser construído no Brasil: o do Homem Novo e da nova brasilidade. Por isso não se diferenciavam os criminosos, fossem esses políticos ou comuns, estavam no mesmo patamar de marginalidade, pois ambos conspiravam contra a existência da ordem e da sociedade brasileira. Nesse contexto, a polícia era um dos componentes que fundamentavam o poder de Vargas, porque mantinha o terror nas ruas e fazia com que a sociedade permanecesse aparentemente unida e coesa. Escolhia os novos inimigos a serem perseguidos e obedecia, às cegas, as diretrizes impostas por Getúlio quanto aos caminhos a serem seguidos pela nação (Cancelli, 1992).

3
O GOLPE DE 10 DE NOVEMBRO DE 1937

O dia 10 de novembro de 1937

Na madrugada chuvosa de 10 de novembro de 1937, o Senado e a Câmara dos Deputados foram cercados por soldados da força policial do Distrito Federal, impedindo a entrada dos legisladores. Dutra preferiu evitar que o Congresso fosse fechado pelo Exército (Dulles, op. cit., p.183-6). Não houve grandes manifestações de protesto. Oitenta congressistas federais enviaram congratulações a Vargas; apenas seis, entre os quais Pedro Aleixo, presidente do Congresso, expediram mensagens de protesto – embora esse número pudesse ter sido muito maior se os deputados leais a Armando de Sales Oliveira não estivessem confinados, incomunicáveis, em suas residências.

Os ministros militares divulgaram não haver sido sua a iniciativa do movimento, alegando apenas apoiar uma decisão tomada pelo chefe da Nação e pelos líderes políticos. Um dos poucos militares a opor-se ao golpe foi o coronel Eduardo Gomes, que acabou por pedir demissão de seu posto, no Primeiro Regimento de Aviação (Dulles, op. cit., p.183-6).

Na manhã do dia 10, em uma reunião de generais realizada no Ministério da Guerra, Dutra afirmou que dentro de dez minutos o país teria nova Constituição e não estava exagerando, pois as prensas já rodavam os primeiros exemplares da extraordinária criação de Francisco Campos, a Constituição de 1937. Esta, assinada no Palácio do Catete por todos os ministros, com exceção do ministro da Agricultura, o demissionário Odilon Braga, entrou imediatamente em vigor (Dulles, op. cit., p.183-6).

É interessante salientar que a busca por uma corporificação jurídica, encabeçada por uma Constituição, foi particularidade brasileira, pois esteve ausente tanto no regime fascista italiano quanto no nazismo alemão.

Antes de continuarmos, faz-se necessário um parêntese. O regime[1] italiano ligava sua visão totalitária a um cesarismo assentado no culto ao Estado ("tudo pelo Estado, nada contra o Estado"). Bastante pragmático, o fascismo não se instalou como um sistema novo, mas inseriu-se em uma monarquia constitucional, retirando-lhe a efetividade e não se preocupem reformulá-la. Desse modo, o sistema constitucional italiano, entre 1922 e 1943, apresentava uma face dupla: previa-se a existência de um rei, um Parlamento e um governo – [nos moldes da Constituição] –, assim como se previa precariamente a existência de 22 corporações, divididas em Câmara do Fascio e Câmaras das Corporações [em 1939 foi substituída a Câmara dos Deputados], reunidas no Grande Conselho do Fascismo, o qual era encabeçado pelo chefe de governo, o verdadeiro detentor do poder. Ou seja, havia um poder legal e um poder de fato, que não se preocupou em tornar-se legal.

No caso alemão, o sistema político constitucional do nacional socialismo (1933-45) foi ainda mais radical, violento e efêmero: dissolveu-se o Estado no Partido e, mais especificamente, na figura do *Füher*, por meio da personalização do poder, em um processo em que o Estado passou a ser a institucionalização do poder pessoal do *Füher*, justificado em nome do nacionalismo e do racismo.

---

1 Para uma visão sintética do processo de ascensão do fascismo como sistema de governo, assim como de seus traços gerais, recomenda-se a leitura de POULANTZAS, N., 1978, p.375-81.

Aproveitando a delegação de poderes que recebeu do *Reichstag*, em 1933, Hitler fundiu no cargo do *Füher*[2] as funções que pelo texto de Weimar pertenciam ao presidente e ao chanceler; transformou a Alemanha em Estado unitário, e assumiu o poder supremo, controlando todos os poderes do Estado — Legislativo, Executivo e até mesmo Judicial — como intérprete do espírito do povo alemão e seu guia. O *Füher* não era um órgão do Estado ou um agente passageiro do exercício do poder: era o próprio poder sem intermediário, pertencia-lhe e somente dele poderia partir qualquer idéia de direito; ele era o próprio direito.

Voltando ao Brasil, aparentemente, 10 de novembro foi um dia tranqüilo. Os jornais, sob rigorosa censura, anunciaram com ênfase — mas em meio ao noticiário corrente — as primeiras iniciativas dos progenitores do novo regime. Às 14h, a edição de *O Globo* informou que o sr. ministro da Justiça, Francisco Campos, havia declarado para os representantes da imprensa, creditados juntos a seu gabinete, estarem dissolvidos o Senado e a Câmara, bem como as Assembléias Legislativas Estaduais e as Câmaras Municipais (Camargo et al., op. cit., p.227-8).

À noite, no salão nobre do palácio Guanabara, diante do microfone do Departamento de Difusão Cultural, na presença de grande número de autoridades, entre as quais os ministros de Estado, o chefe da polícia do Distrito Federal e o presidente do Tribunal de Segurança Nacional, Getúlio Vargas fez um pronunciamento à Nação, pelo programa "A Hora do Brasil", sobre as alterações efetuadas na antiga ordem constitucional.

Em seu discurso, explicou: "O homem de Estado, quando as circunstâncias impõem uma decisão excepcional, de amplas repercussões e profundos efeitos na vida do país, acima das deliberações ordinárias da atividade governamental, não pode fugir ao dever de

---

2 Para uma visão sintética do processo de ascensão do nazismo alemão assim como dos seus traços gerais recomenda-se a leitura de POULANTZAS, N. 1978. p.361-74.

tomá-la". De acordo com Vargas, naquele momento, as exigências do interesse coletivo levavam-no a adotar medidas de transformação institucional com vistas a fornecer ao governo "os meios adequados ao enfrentamento dos graves problemas que perturbavam a ordem pública". Criticou a Constituição de 1934 e censurou o Congresso qualificando-o de "inoperante"; referiu-se também ao estado de guerra solicitado pelas Forças Armadas para enfrentar o ressurgimento das ambições comunistas, favorecidas pelo clima confuso da campanha eleitoral. Sublinhou a crise do modelo liberal, manipulado por partidos inescrupulosos, os quais sem consciência ideológica, presos de ambições pessoais e de projetos nacionalistas, acabariam por levar o país à violência ou à guerra civil, e concluiu: "Quando as competições políticas ameaçam degenerar em guerra civil, é sinal de que o regime constitucional perdeu o seu valor prático" (Dulles, op. cit., p.183-6).

Na visão de Vargas, a organização constitucional de 1934, alicerçada nos moldes do liberalismo e do sistema representativo, destinava-se a uma realidade dissolvida no conjunto de ações políticas anteriores a 1937; portanto, para evitar a dissolução da Nação, a instauração do Estado Novo era uma necessidade inexorável. Explicou que "prestigiado pela confiança das Forças Armadas, e correspondendo aos generalizados apelos" de seus concidadãos, concordara em sacrificar o repouso a que fazia jus. Extirpadas as falsidades morais e políticas, a nação poderia prosseguir seu caminho, sob a nova Constituição, que, segundo o presidente, mantinha a forma democrática de governo, e concluiu: "Restauremos a nação, ... deixando-a construir livremente a sua história e o seu destino" (Dulles, op. cit., p.183-6).

Após o anúncio do golpe, Getúlio cumpriu normalmente sua agenda social. Seguiu com sua família para um jantar previamente marcado na Embaixada da Argentina; para surpresa de seu amigo, o embaixador Cárcano, o compromisso não foi cancelado ou sequer adiado (Dulles, op. cit., p.183-6).

Em 10 de novembro, houve até mesmo um toque de apoio popular à implantação do Estado Novo. Naquela oportunidade, integralistas fizeram desfilar, no Rio de Janeiro, 40 mil adeptos ao lado dos militares (Carvalho, 1999b, p.69). Alguns raríssimos generais que contestaram ou não manifestaram apoio público ao golpe, logo foram reformados: para isso, Getúlio serviu-se de um artigo da nova Constituição que permitia ao regime "aposentar" quem quisesse, durante os primeiros sessenta dias.

A ditadura foi implantada em uma sociedade já preparada para a decretação do golpe, pois parecia haver o consenso de que a melhor forma de realizar o progresso econômico e garantir a ordem social era por meio de um regime autoritário. Anacronicamente, tinha-se a impressão de que a verdadeira democracia apenas poderia se concretizar por um governo forte; só o Estado Novo moralizaria as instituições, livrando-as de seus antigos vícios, permitindo a democracia (Pesavento, op. cit., p.48).

Repercussões políticas imediatas

Quanto à receptividade ao golpe de 10 de novembro, observou-se uma apatia por parte da população, haja vista o fato de esta viver, em seu conjunto, em um constante clima de repressão, desde o início de 1935.

O resultado político imediato do golpe foi a depuração da oposição com a queda de Carlos de Lima Cavalcanti (deposto e substituído por Agamenon Magalhães); de Juraci Magalhães (renunciou); o "exílio" de Armando de Sales Oliveira em uma pequena cidade mineira; o afastamento de Odilon Braga, do Ministério da Agricultura, e de José Carlos de Macedo Soares, do Ministério da Justiça (Carone, op. cit., p.376-8).

Anunciado o Estado Novo, Getúlio voltou-se para os problemas de organização de sua equipe administrativa, cuja montagem caracterizou-se pela permanência dos atores. Os antigos ministros leais a Vargas continuaram exercendo suas funções, como se nada tivesse ocorrido: Eurico Dutra, no Ministério da Guerra; Francisco Campos, na Justiça; Waldemar Falcão, no Trabalho, Filinto Müller, na Polícia; e Góes Monteiro, chefe do Estado-Maior do Exército; foram nomeados: Fernando Costa, para a Agricultura, e Mendonça de Lima, para os Transportes. Os traços comuns ao gabinete eram a simpatia por regimes fortes e a orientação política ligada à direita (Seitenfus, 1985, p.154).

Nos Estados, à exceção de Minas Gerais, onde Valadares continuou sendo "governador", o chefe dos Executivos estaduais foi afastado e substituído por interventores. Foi o fim da autonomia estadual, representado pela queima de todas as bandeiras estaduais, símbolos dos regionalismos (e, entre elas, a bandeira farroupilha do Rio Grande do Sul) em um ato público realizado na praia do Russel, no Rio de Janeiro (Schwartzman, 1983, p.42).

No exterior, a reação foi variada: na imprensa alemã, a mudança de regime no Brasil foi descrita como contrária ao pan-americanismo preconizado pelos Estados Unidos. O presidente do Senado italiano atribuiu o golpe ao exemplo do fascismo italiano e à boa influência da cultura italiana no Brasil, explicando: "Os camisas-verdes são filhos, ou irmãos mais moços, dos nossos gloriosos camisas-negras" (Dulles, op. cit., p.183-6).

Em Washington, o senador Boreh expressou o ponto de vista de que o novo regime tinha todas as características do fascismo. O *New York Times*, em editorial, lamentou que Vargas suprimisse a oposição e registrou o fato de que em Washington "não houve nenhum viva ao novo regime" (Dulles, op. cit., p.183-6).

Vargas e os militares – uma sincronia que se funde em 1937

A Revolução de 1930, concretizada com grande participação dos "tenentes", inaugurou o ciclo em que o Estado brasileiro caracterizou-se por prolongada influência militar. A era Vargas, ao efetivar a "modernização" e a centralização do Estado brasileiro, processou também a centralização e a institucionalização das Forças Armadas, dotando-as de coesão e identidade sob uma disciplina e hierarquia nacionais, rompendo paulatinamente com a "estadualização", presente até aquele momento, e com os comandos regionais influenciados pelo "coronelismo". Essa nova centralidade militar foi reforçada pelos próprios acontecimentos políticos que marcaram o período, como a Revolução de 1932, a "intentona comunista" e, principalmente, o Golpe de 1937 (Pereira, 1997, p.11).

No processo de estabelecimento das Forças Armadas como atores hegemônicos no cenário nacional, especialmente por meio do aniquilamento das oligarquias, podem-se identificar três embates: o paulista, o mineiro e o gaúcho. Foram três pequenas guerras, sendo que em uma delas não chegou a haver conflito direto. A primeira, e mais dura, corresponde à derrota da oligarquia paulista em 1932. A segunda foi a escaramuça militar de 1937, expulsando-se Flores da Cunha do Rio Grande do Sul. E a terceira consistiu na escolha do mineiro Benedito Valadares como interventor, em Minas Gerais, em 1933 (Carvalho, 1999a, p.342-3).

Vargas não tinha em quem se apoiar para construir um poder nacional a não ser nas Forças Armadas. Mas elas, sobretudo o Exército, em 1930, eram ineficientes como atores políticos, porque estavam profundamente desorganizadas e fragmentadas. Essa situação era agravada pelo fato de os militares participantes da revolução de 1930 serem jovens tenentes (a mais alta patente era a de Góes Monteiro, tenente-coronel) que não podiam comandar generais.

Era necessário, do ponto de vista da estratégia de Vargas, reconstruir as Forças Armadas de maneira a transformá-las em um ator político forte. O evento que mostrou de maneira clara e evidente essa necessidade foi a Revolução de 1932. Havia o proeminente imperativo de substituir-se a alta hierarquia militar, oriunda da República Velha, por quadros leais aos interesses da corporação e ao novo regime. Várias táticas foram usadas pelos aliados militares de Vargas, sendo um dos principais meios os expurgos, sobretudo no Exército, mas sem excluir a Marinha.

O primeiro ajuste se deu em 1932, uma vez que a derrota dos paulistas implicou, na esfera das Forças Armadas, o afastamento de

508 oficiais, entre reformas e expulsão, correspondendo a cerca de 10% do oficialato; em fins de 1933, 36 dos quarenta generais do Exército já haviam sido promovidos pelo novo governo. O segundo expurgo ocorreu com a revolta comunista de 1935, outra oportunidade para eliminar dissidentes em que, pelo menos, 107 oficiais e 1.136 praças foram expulsos. Acrescente-se também o fato de ter havido outras formas de punição menos drásticas, embora resultassem em prejuízo irreparável para a carreira do oficial, como sua prisão, transferência, advertência etc. Indicativo do aumento de tais medidas é o número de apelações ao então Supremo Tribunal Militar (STM) que subiu de 239, em 1934, para 824, em 1935, e para 1.910, em 1938. O número de condenações pelo Tribunal também aumentou de 139 para 369 e 616, nos mesmos anos (Carvalho, 1999a, p.341-2; Carvalho, 1999b, p.60-5).

Num breve espaço de tempo, os oficiais reticentes aos propósitos de Getúlio foram eliminados das Forças Armadas, possibilitando que a facção surgida em 1930 prevalecesse na escala de comando. Tal grupo liderado pelo já então general Góes Monteiro, em parceria com o general Gaspar Dutra, estabeleceu a unificação da instituição do ponto de vista político e ideológico. Em 1937, o Exército era um ator político capaz de secundar a ação nacionalizante de Vargas, com o qual estava de pleno acordo. Assim, o casamento consolidou-se com a implantação do Estado Novo, ocasião a partir da qual mais do que nunca o Exército foi a personificação dos generais Góes Monteiro e Gaspar Dutra. A Marinha, que não sofrera o problema da desagregação, também aderiu (Carvalho, 1999a, p.341-2; Carvalho, 1999b, p.60-5).

Com o acordo em torno do Estado Novo, Vargas e as Forças Armadas atingiram o ponto máximo de sua influência ao derrotarem todos os seus adversários e eliminarem suas capacidades de reação, em decorrência da interdição dos mecanismos de participação. Os militares consolidaram-se como atores políticos, assumindo, pelo lado político, a garantia de base social no lugar das elites tradicionais e, pelo lado econômico, a defesa dos interesses da burguesia industrial emergente (Carvalho, 1999b, p.72-3).

Poder-se-ia perguntar: por que, então, o Exército não assumiu o poder em 1937? Se os militares estavam suficientemente fortalecidos, por que precisavam de Vargas? O Exército precisava de Vargas porque o processo de unificação era recente. Não havia ainda condições internas à organização para que um general assumisse o poder sem despertar a rivalidade de outros generais. Góes Monteiro tentou várias vezes se candidatar à Presidência. Se tivesse insistido, certamente teria enfrentado a oposição de outros generais. Uma briga de generais pela Presidência da República resultaria em nova fragmentação e, portanto, em novo enfraquecimento das Forças Armadas. (Carvalho, 1999b, p.65)

Por fim, cabe lembrar que o papel fundamental que exerceram os militares na sustentação do Estado Novo foi bastante ressaltado pela historiografia, assim como a evolução institucional das Forças Armadas, quando ganharam identidade, estrutura, organicidade, definição doutrinária, disciplina, consolidação das hierarquias e continuidade de comando. Entretanto, o que curiosamente não tem sido considerado é que, assim como a reorganização das Forças Armadas e do Estado brasileiro se confundiam durante a Era Vargas, essa "nova" instituição militar também foi formada em estreita relação com as funções de governo. Nesse modelo de Estado (caracterizado como autoritário, centralizador, empreendedor e promotor da "modernização" e da integração nacional), a dupla inserção militar foi fundamental tanto para "manter a ordem" quanto para contribuir na tarefa de centralização política e integração nacional sob o comando do governo federal (Pereira, op. cit., p.17).

O tom das justificativas do golpe

Com a instalação do Estado Novo, alguns intelectuais, em especial Oliveira Viana e Azevedo Amaral, deram atenção especial ao golpe e à hipertrofia dos poderes presidenciais, defendendo com veemência o novo regime.

Oliveira Viana definiu o regime do Estado Novo como uma "democracia autoritária", defendendo enfaticamente os poderes de Getúlio Vargas e lançando mão da tese do "presidente único". Para ele, o Brasil precisava de um presidente forte que "não dividisse com ninguém sua autoridade; de um presidente em quem ninguém mandasse; de um presidente soberano, exercendo, em suma, seu poder em nome da Nação, só a ela subordinado e só dela dependente" (Viana, 1939, p.207). Em síntese, o Brasil necessitava de um mandatário, superposto em relação às lutas regionais e político-partidárias, comprometido e fiel aos interesses da nação brasileira.

Para Azevedo Amaral, a preeminência de combater o extremismo da direita, representado pelo integralismo, e a possibilidade do reaparecimento do extremismo da esquerda, mesmo após seu desmantelamento em 1935, justificavam perfeitamente o golpe. Na perspectiva desse autor, em 10 de novembro protegeu-se o Brasil contra os perigos da demagogia estimulada pela campanha presidencial e salvou-se o regime democrático por um golpe, entendido como a única forma de salvaguardar as "condições da realidade nacional e os imperativos das tradições brasileiras". O novo regime era tão-somente uma "democracia autoritária", um modelo perfeitamente adequado à realidade e às tradições nacionais, no qual o autoritarismo e a democracia não eram conceitos contraditórios; ao contrário, eram complementares, pois "somente uma forma de governo autoritário seria capaz de permitir o desenvolvimento da democracia e das suas instituições" (Amaral, s.d., p.177).

O fato foi que, no meio intelectual, na década de 1930, consolidou-se um discurso, relevante nas justificativas do Estado Novo, de veemente crítica ao liberalismo econômico e à democracia representativa e de acurada defesa da instauração de um regime forte, voltado para a arbitragem dos conflitos sociais. Ou seja, em relação à condução política, social e econômica da nação, tais entendimentos defendiam a predominância do Estado em detrimento da sociedade, por intermédio de reflexões com fortes tons:

a) Nacional reconstrutor – ao defender-se a criação do "Brasil Novo" por meio da racionalidade plena do Estado soberano a ser obtida pela modernização;
b) Moralizador – insistindo na virtude intrínseca do trabalho, no valor fundamental do civismo, na obrigação moral, social e política do Estado em dar formação geral e profissionalizante aos indivíduos sob sua tutela;
c) Orgânico-corporativista – ao propugnar a organização da sociedade e da produção em termos corporativos; e
d) Antiliberal salvacionista – nas críticas às oligarquias criadas em 1891, mantidas na Constituição de 1934, que teriam levado o Brasil à ruína anterior ao golpe. (Alves, 1989, p.31-3)

Ao justificar a ordem estatal autoritária dava-se relevo à idéia da vontade nacional acima dos interesses de classe, pela defesa de um governo forte como instrumento necessário para fomentar a harmonia social, advogando-se a centralização do poder como forma de capacitar o Estado para agir como guardião do interesse nacional e impedir a fragmentação social (Goulart, 1990, p.15-7). Ou seja, somente a ação do Estado, como estrutura organizacional situada acima da sociedade, poderia preservá-la e, sobretudo, antever, defender e fomentar o interesse nacional.

Ademais, o autoritarismo do regime de 1937 foi marcado pelo tom nacionalista, que autorizava a ação do governo federal sobre a totalidade do território; pressupunha a identificação de todos os membros da sociedade a um destino comum; identificava como nação uma coletividade histórica, um conjunto de valores morais, buscando a constituição de um todo orgânico, cujos objetivos realizar-se-iam por meio do Estado, entendido como o responsável pela manutenção da ordem moral, o tutor da virtude cívica e da consciência imanente da coletividade (Goulart, 1990, p.15-7).

Na sociedade civil, a legitimidade do regime autoritário de 1937 encontrava ressonância, pois, desde a década de 1930, pode-se identificar um movimento de tendência ao fascismo perpassando o conjunto social e revelando a gestação de um projeto de sociedade com pressupostos totalitários, adensados após novembro de 1935. Chama a atenção o consenso em torno de uma sociedade autoritária existente entre diferentes forças sociais. Empresários, integralistas, parlamentares, intelectuais e religiosos estruturavam um discurso em torno de temas e imagens portadores de uma finalidade totalitária. Ordem, família, pátria, moral, trabalho, propriedade, autoridade e obediência foram temas que confluíram para o objetivo da preservação da ordem social, para o saneamento da sociedade, para o fortalecimento dos poderes da família, da Igreja, do Estado, da polícia, dos empresários (Dutra, op. cit., p.16-7).

O próprio golpe trouxe de modo implícito a adesão de segmentos não diretamente inseridos no processo político, como a Igreja, os empresários e os sindicatos.

A Igreja,[3] politicamente mobilizada, teve papel importante na legitimação do golpe, uma vez que apoiou o governo nas medidas contra o comunismo, dando-lhe o respaldo necessário a seu combate, em instâncias da vida social sobre as quais exercia, na época, extrema influência: os intelectuais, setores populares e sindicatos vinculados à Ação Católica. Não raras vezes, a defesa da família e dos valores cristãos, contra o comunismo ateu, deu eficácia social à política de repressão desencadeada pelo governo.

Já nos setores empresariais, as articulações de novas lideranças, como Roberto Simonsen e Evaldo Lodi, por exemplo, sediadas em

---

3 Segundo Dulce Pandolfi, o que a Igreja recebeu em troca de sua decisiva colaboração não foi pouco: "Em primeiro lugar, o apoio às escolas religiosas em detrimento do ensino laico e, em segundo lugar, a inserção de importantes quadros católicos nas instituições oficiais, bem como a atenção de ministérios importantes como o da Educação para suas principais demandas políticas. Muitas vezes essas demandas passaram por um verdadeiro policiamento dos quadros considerados nocivos ao regime, como foi o caso de Anísio Teixeira que acabou afastado da Universidade do Distrito Federal. A aliança entre a Igreja e o Estado consubstanciou-se finalmente nas ligações entre Vargas e o cardeal do Rio de Janeiro, Dom Sebastião Leme, secundadas pela intervenção de Francisco Campos, do lado governamental, e Augusto Frederico Schmidt, em nome da Igreja". CAMARGO, A. apud D'ARAUJO, 1999.

organizações de classe como a Federação das Indústrias do Estado de São Paulo (FIESP), acabaram colaborando com a política de industrialização, iniciada pelo governo antes de 1937, pela defesa do protecionismo, indispensável ao desenvolvimento econômico nacional nos conselhos técnicos empenhados em redirecionar a economia brasileira. Para os empresários, o controle da crise econômica e a retomada do crescimento, mesmo antes do golpe, interessavam muito mais do que a preservação convencional de instituições políticas (Camargo, op. cit., p.251-3).

Finalmente, o movimento sindical acabou se configurando como um braço governamental, haja vista seu enquadramento ao longo da década de 1930, pela substituição de eventuais lideranças independentes por dirigentes comprometidos com o corporativismo de Estado. Empregados e patrões foram paulatinamente contemplados com ampla legislação trabalhista e social, angariando simpatias e apoio sistemático a Getúlio (Camargo, op. cit., p.255).

As interpretações acerca do golpe

Em relação a um acontecimento do porte do golpe de 10 de novembro no tocante aos sentidos, motivações, significados, papéis e participações dos diversos agentes e tantos outros fatores que encontram implicações, existe uma diversidade de interpretações nos estudos de historiadores, sociólogos e cientistas políticos.

Diante da diversidade de versões e do fato de que o objeto central deste livro é a Constituição de 1937, eximimo-nos aqui de explanação aprofundada. Foram selecionadas aleatoriamente algumas interpretações, as quais são citadas a seguir, com intuito exemplificativo.

Para Silvana Goulart, o cerne da implantação do Estado Novo esteve vinculado, em essência, ao aumento dos conflitos políticos e sociais, ligados à emergência de uma sociedade urbano-industrial, resultante do aprofundamento do modo de produção capitalista. Assim, a reorganização da sociedade, visando o controle da crise econômica e a neutralização das novas forças sociais emergentes na arena política, de modo a possibilitar o processo de expansão das forças produtivas, constituiu-se na tônica do novo regime. Segundo a autora, o golpe de Estado de 1937 foi na verdade a desmobilização do que restava da autonomia regional, legitimada pelo federalismo, e que ainda garantia a primazia dos interesses ligados à cafeicultura (Goulart, op. cit., p.15-7).

Faoro entendeu que se as comportas abertas em 1930, freadas no Estatuto de 1934, foram escancaradas de vez em 10 de novembro de 1937, graças sobretudo ao fato de que "na chefia do governo não existia um presidente constitucional, mas o mito popular, o condutor de uma revolução em curso, dissimulada embora no jogo vigiado das candidaturas em pugna". Na sua óptica, o golpe de 1937 assinalou a definitiva incorporação das classes médias e do proletariado à estrutura política brasileira como fontes de apoio ao governo e, em contrapartida, encerrou definitivamente a política dos governadores (Faoro, op. cit., p.331-2).

De acordo com Nelson Werneck Sodré, no golpe de 1937, "o bonapartismo colonialista foi assumido de forma específica, levando a uma ditadura pretoriana, aquele tipo de ditadura em que a fonte de poder provém de forças militares". Anteriormente preparada, a partir de 1937, a cúpula militar tornou-se a fonte primordial do poder (Sodré, 1979, p.270-1).

Aspásia Camargo lembrou que a visão oficial e ideológica do novo regime, postulada por alguns estudiosos, é na verdade que o golpe de 1937 foi o desdobramento natural, inevitável, de outro acontecimento decisivo, a Revolução de 1930. Portanto, em 1937 ocorreu o desfecho da revolução que levou Vargas ao poder. Se em 1930 o país reclamou uma nova *ordem política* ajustada às suas condições de existência, essa necessidade foi posta novamente em 37. Em face da extrema fragilidade do sistema institucional, fortemente abalado pela crise econômica e por sucessivas crises políticas, a partir de 1930, os atores políticos (Vargas e seus colaboradores diretos) individualmente considerados expressaram a natureza, a composição e o desenvolvimento de tais conflitos, e nos acertos e desacertos individuais – na disputa entre lideranças – desvelaram e conduziram as questões cruciais em jogo naquele período. Desta e nesta fragmentação política houve um "jogo" deliberado cujo objetivo estratégico, de antemão fixado, foi o de fortalecer o poder e racionalizar as decisões de governo, reduzindo assim a extrema fragmentação do sistema político, pouco eficaz e controlado pelo poder dos Estados. A tática utilizada teria sido, por um lado, minar o antigo sistema internamente, em seu próprio território e com suas próprias regras, esvaziando o poder das oligarquias; e, por outro, de maneira sutil, introduzir novos atores no cenário político e ir operando com grupos mais dinâmicos das sociedades civis, não inseridos formalmente no espaço oficial da política – como foi o caso dos militares, dos empresários, dos trabalhadores, dos intelectuais e da própria igreja (Camargo et al., op. cit., p.9, 11-3).

Embora o recorte temporal abordado neste livro encerre-se com o golpe de 10 de novembro e, a partir da próxima parte, concentre-se na análise da Constituição de 1937, torna-se pertinente estabelecer rápidos comentários acerca dos traços gerais do Estado Novo, implantado naquele momento.

Os ares globais

Compete salientar que nos 23 anos entre a denominada "Marcha sobre Roma" de Mussolini e o auge do sucesso do Eixo na Segunda Guerra Mundial viu-se uma retirada acelerada e cada vez mais catastrófica das instituições políticas liberais:

> Entre 1918-20, assembléias legislativas foram dissolvidas ou se tornaram ineficazes em dois Estados europeus; na década de 1920, em seis; na de 1930, em nove, enquanto a ocupação alemã destruía o poder constitucional em outros cinco, durante a Segunda Guerra Mundial. Em suma, os únicos países europeus com instituições adequadamente democráticas que funcionaram sem interrupção durante todo o período entre guerras foram a Grã-Bretanha, a Finlândia (minimamente), o Estado Livre Irlandês, a Suécia e a Suíça.

Nas Américas, outra região de Estados independentes, a situação era mais confusa, mas não chegava a sugerir um avanço geral das instituições democráticas. A lista dos Estados consistentemente constitucionais e não autoritários no hemisfério ocidental era curta: Canadá, Colômbia, Costa Rica, EUA e Uruguai. Quanto ao resto do globo, grande parte consistia em colônias, e, portanto não liberais, na medida em que algum dia tinham sido. No Japão, um regime liberal moderado deu lugar a um nacionalismo militarista em 1930-1. A Tailândia deu alguns poucos passos em direção a um governo constitucional, e a Turquia foi tomada pelo modernizador militar progressista Kemal Atatürk no início da década de 1920, um homem do tipo que não permite que eleições atrapalhem seu caminho. Nos continentes da Ásia, África e Austrália, apenas a Austrália e a Nova Zelândia eram consistentemente democráticas, pois a maioria dos sul-africanos permaneceu fora do âmbito da constituição do homem branco (Hobsbawm, p.115).

Em suma, o liberalismo era um regime desacreditado no mundo todo. Se na década de 1920 havia 35 governos constitucionais eleitos, em 1938 existiam, talvez, dezessete desses Estados em um total global de 65. A tendência mundial parecia clara. E nesse contexto o Brasil, conforme já mencionamos, não fugiu à regra. Resta a indagação: em que medida a implantação do Estado Novo foi fruto das particularidades do desenvolvimento sociopolítico interno e em que extensão tal desenrolar teve influências externas? Esta é uma questão que está posta. Será que é possível dar-lhe uma resposta?

Alega-se, não raras vezes, uma íntima aproximação entre o regime do Estado Novo e o fascismo italiano, pois, de maneira bem semelhante a este, no regime brasileiro valorizava-se a missão histórica da nação representada pelo Estado, assim como se reconheciam os direitos individuais, desde que não entrassem em conflito com as necessidades do Estado soberano; além disso, enfatizava-se o significado da elite como personificação do gênio do povo, a solidariedade entre o capital e o trabalho assegurado pela estrutura corporativa, o antiliberalismo e o antiparlamentarismo. Entretanto, o regime italiano resultou de um movimento organizado usurpador do poder, no qual o partido teve um papel fundamental, como entidade "representativa" da vontade da nação, mobilizando intensamente a população e chegando a assumir feições militarizadas. Já no caso brasileiro, o regime de 1937 não resultou da tomada do poder por nenhum movimento revolucionário, nem era sustentado por qualquer partido, sendo também recusadas a mobilização e a organização das massas em milícias como o demonstra o caso da Organização Nacional da Juventude (ONJ), transformada em um mero programa de educação moral e cívica. Portanto, embora existam semelhanças, especialmente em relação ao cerceamento da liberdade individual, tanto do ponto de vista doutrinário, como da realidade histórica, o Estado Novo brasileiro não foi a reprodução literal do fascismo italiano (ibidem).

Pode-se afirmar que, embora esteja inserido em um contexto global de rupturas da democracia liberal, o Estado Novo não foi cópia de nenhum regime estrangeiro, tampouco do regime italiano; por certo que na construção e na edificação do regime brasileiro existiram, além de inspirações subjetivas dos atores políticos, inspirações de práticas externas. Entretanto, divisar o que foi uma criação espontânea subjetiva ou o que teve inspiração em práticas de políticas estrangeiras é tarefa a ser efetivada no campo minado das probabilidades e das múltiplas variantes interpretativas, o qual nos eximimos aqui de adentrar.

O Estado Novo no plano ideológico, econômico, administrativo, social e cultural – um rápido comentário

No aspecto ideológico, percebe-se que ao longo do Estado Novo a personalidade de Getúlio Vargas imprimiu essência própria ao novo regime, marcado pelo pragmatismo e pela multiplicidade de táticas políticas inspiradas na prática do exercício do poder e no controle das informações. O autoritarismo deu o tom, evidenciando uma conduta antiliberal – pregava-se a primazia do Estado, a obediência à hierarquia e a passividade política da sociedade –, nacionalista (defensora da unidade nacional, da adequação da cultura e das instituições à "realidade brasileira" e da utilização de recursos nacionais para um desenvolvimento autodeterminado) e centralizadora (pregou nos campos político, econômico e social um crescente intervencionismo estatal como correspondente necessário à obtenção dos interesses da nação) (Goulart, op. cit., p.15-7).

Na esfera econômica, após 1937, o Brasil, ainda ligado à agroexportação, teve seu processo de desenvolvimento econômico direcionado para a formação de um país urbano e industrial, sobretudo pela ação estatal voltada para a consolidação de uma indústria de base. Pelo estilo de desenvolvimento econômico adotado, buscou-se a autonomia nacional, tencionando consolidar-se o processo de industrialização implantado após 1930, no intuito de fortalecer um núcleo empresarial no país.

Vargas atuou na economia por meio de uma série de programas formulados à medida que os problemas iam se colocando, um processo constantemente redefinido pela injunção de fatores políticos, sociais, econômicos internos e externos; tais programas, como prática e estratégia política governamental, apontaram na direção de um desenvolvimento baseado no mercado interno e na indústria, justificado por argumentos que foram desde a necessidade de consolidar a unidade nacional e superar o estado de miséria de grande parte da população brasileira, até o desejo de criar as condições para transformar o Brasil em uma potência (Corsi, 2000, p.16-7).

No campo administrativo, a criação do Departamento Administrativo de Serviço Público (DASP), a partir de 1938, promoveu a reforma do funcionalismo público, de acordo com critérios burocráticos de recrutamento, execução e promoção, bem como um controle contábil e a elaboração de programas orçamentários para o funcionamento dos órgãos do Estado.

No domínio social, além de atenção especial ao setor habitacional,[4] destacaram-se a ordenação e a valorização do trabalho e a polí-

---

4 A família era considerada a célula política fundamental, núcleo da formação do cidadão. E, para que desenvolvesse a sua função, necessitava, antes de tudo, ter

tica educacional. Na área trabalhista, houve uma política de ordenação do mercado de trabalho, materializada na legislação trabalhista, previdenciária, sindical e também na instituição da Justiça do Trabalho. Em tal contexto, esteve em voga a estratégia político-ideológica de combate à "pobreza", pela promoção do homem brasileiro e da defesa do desenvolvimento econômico e da paz social, unificadas na meta de transformar o homem em cidadão/trabalhador (responsável por sua riqueza individual e também pela riqueza do conjunto da nação) servindo-se, para tanto, da exaltação do valor do trabalho, alçado à categoria central e compreendido como o único caminho capaz de fornecer ao homem cidadania e riqueza (Gomes, 1999, p.55).

A educação foi vista como o instrumento adequado para construir um povo integral, adaptado à realidade social de seu país e preparado para servi-lo. O Estado Novo interveio, fixando os postulados pedagógicos fundamentais à educação dos brasileiros a partir de valores como o culto à nacionalidade, à disciplina, ao trabalho e à moral (Gomes, 1999, p.63). Merece destaque a reforma do ministro da Educação e Saúde, Gustavo Capanema, em 1942, quando o ensino secundário se tornou uma realidade no país e ocorreu a criação do Serviço Nacional de Ensino Industrial (Senai), sob a égide do ministro do Trabalho, Indústria e Comércio, Alexandre Marcondes Filho, contando com total envolvimento empresarial. Na área educacional, foram incluídos também projetos universitários, tais como a criação da Universidade do Brasil, uma continuação da antiga Universidade do Rio de Janeiro (constituída em 1920 como uma reunião das escolas superiores da cidade), e a Universidade de São Paulo

---

onde residir; ou seja, família e casa eram como que sinônimos, daí a atenção dada ao sistema habitacional. Acerca da questão da habitação ver ALENCAR, José. Casa própria, aspiração popular. *Cultura Política.* (28). Jul. 1943 e *Cultura Política* (33), out. 1943 (O Estado Nacional e o problema das casas operárias). Sobre a política do Estado Novo, em relação à família, ver SCHWARTZMAN, S.; BOMENY, H.; COSTA, V., 1984.

(USP), do mesmo modo que, a partir de 1937, ocorre a regulamentação de procedimentos para a nacionalização do ensino superior.[5]

No que se refere à cultura, a partir de 1937 a rigorosa censura imposta à imprensa e à propaganda teve como órgão controlador o DIP, ao qual ficaram submetidas todas as empresas jornalísticas, assim como as atividades de seus profissionais. O DIP, fruto da ampliação da capacidade de intervenção do Estado[6] no âmbito dos meios de comunicação e da cultura, teve por função elucidar a opi-

---

5 BOMENY, Helena M. B. Três decretos e um ministério: a propósito da educação no Estado Novo. PANDOLFI, Dulce (Org.). *Repensando o Estado Novo.* p.138-40. A autora remete o leitor para o aprofundamento das reflexões apontando as obras de:
CASTRO, Cláudio de Moura e OLIVEIRA, João Batista de Araújo e. Formação Profissional na Nova América Latina: problema ou solução? In: *Anuário de Educação 1994.* Rio de Janeiro: Tempo Brasileiro, 1994, p.99-118.
SCHWARTZMAN, Simon; BOMENY, Helena Maria Bousquet; COSTA, Vanda Maria Ribeiro. *Tempos de Capanema.* Rio de Janeiro, São Paulo: Paz e Terra/Edusp, 1984.

6 A primeira experiência de criação no Brasil de um órgão de propaganda diretamente vinculado ao Estado deu-se em julho de 1931, ao ser fundado pelo governo provisório o Departamento Oficial de Propaganda, reformulado em julho de 1934, passando a denominar-se Departamento de Propaganda e Difusão Cultural. Este departamento, todavia, teve uma atuação restrita, relacionada sobretudo à divulgação de feitos e ações realizadas pelo Estado e à criação do Programa "A Hora do Brasil", isto já em 1938, com o intuito de divulgar mensagens, discursos e comunicações oficiais do governo. Neste momento, o serviço de controle e censura estava a cargo de um serviço de informação, vinculado ao Gabinete do Chefe de Polícia. Entretanto, a partir de 27 de dezembro de 1939, inicia-se uma nova etapa, com a criação por decreto do Departamento de Imprensa e Propaganda, subordinado diretamente ao Presidente da República, ao qual se atribui uma dupla função: propagandear o ideário do regime e assumir o papel de censor. Para a eficaz realização de seus objetivos, o DIP contava internamente com cinco grandes divisões: Divisão de Divulgação (encarregada da difusão e seleção das obras publicadas e dos atos de caráter público); Divisão de Radiodifusão (coordenadora das emissões radiofônicas); Divisão de Cinema e Teatro (ligada sobretudo à função de censura), Divisão de Turismo (que acabou não tendo maior expressividade) e, por fim, uma Divisão de Imprensa (responsável pelo controle da informação direta, veiculada por jornais, revistas, livros ou qualquer outro tipo de impresso). Cf. PAULO, H., 1994.

nião pública sobre as diretrizes doutrinárias do regime,[7] atuar em defesa da cultura, da unidade espiritual e da civilização brasileira (Capelato, 1998).

Se, por um lado, houve acentuado controle e repressão dos atos e idéias, por outro, a partir de 1937, o governo investiu na propaganda do regime e lançou mão dos recursos e das novas técnicas de persuasão que estavam sendo utilizadas em diversos países, em especial na Alemanha de Goebbels, sendo o DIP o órgão responsável.

Ao organizar e divulgar a propaganda do Estado Novo, o DIP atuou em diversos níveis, visando popularizar o regime para amplas camadas da população por meio da veiculação das propostas e realizações do governo, dos atos do chefe de Estado e dos demais componentes da hierarquia estatal, servindo-se sobremaneira da imprensa escrita e do rádio. Desse modo, o DIP produziu livros, revistas, folhetos, cartazes, programas de rádio com noticiários e números musicais, além de radionovelas, fotografias, cinejornais e documentários cinematográficos (Goulart, op. cit., p.19).

O controle da imprensa envolvia a proibição de determinados assuntos, como notícias denotativas, ou sugestivas, acerca da existência de descontentamentos ou oposição ao regime, bem como temas ou notícias relacionadas a problemas econômicos (transportes, abastecimento, escassez e alta de preços dos produtos); divulgação de acidentes, desastres, catástrofes, naufrágios, quedas de avião, incidentes como brigas, agressões, crimes, corrupções, subornos, processos, inquéritos, sindicâncias etc. (Capelato, 1999, p.174-5).

Para os ideólogos do Estado Novo, a arte e a cultura, como as demais atividades, deveriam estar a serviço da nação. A música popular, por exemplo, foi submetida a um esforço para suprimir a malandragem e o tom jocoso das letras de samba e músicas de carnaval (Oliveira, 1999, p.95-6).

---

7 Uma exposição detalhada da influência, pertinência, meios e formas de utilização da propaganda por parte dos aparelhos de Estado, nos anos 30, como artifício do poder, especialmente na Itália e na Alemanha, pode ser encontrada no primeiro capítulo de PAULO, H., 1994, p.13-26.

Já o rádio firmou-se como o grande veículo de comunicação do novo regime, desfrutando de grande prestígio entre os ouvintes graças aos programas humorísticos, musicais, transmissões esportivas, radiojornalismo e as primeiras radionovelas. Em 1937, havia 63 estações e, em 1945, 111. O número de aparelhos receptores aumentou, durante o Estado Novo, de 357.921 aparelhos em 1937, para 659.762 em 1942. O uso político do rádio esteve voltado para a reprodução de discursos, mensagens e notícias oficiais, sobretudo por meio do Programa "A Hora do Brasil", reproduzido por rádio e por alto-falantes instalados nas praças das cidades do interior (Jahar, 1990, p.103-4). Cabe lembrar que,

> além de divulgar as mensagens e os atos oficiais, os diferentes programas deveriam decantar as belezas naturais do país, descrever as características pitorescas das regiões e cidades, irradiar cultura, enaltecer as conquistas do homem em todas as atividades, incentivar relações comerciais. (Capelato, 1998, p.77)

No cinema, eram exibidas películas exaltando os aspectos naturais do Brasil, as ações do governo e reconstituições históricas. Instalou-se uma política de proteção à indústria cinematográfica, política que contemplou as reivindicações dos cineastas, expressas desde a década de 1920, e a indústria cinematográfica, até então deficitária, pôde contar com o apoio governamental, em um regime que concebia o cinema como veículo de instrução (Capelato, 1998, p.105).

Durante o Estado Novo, sublinhou-se a importância política da cultura, sendo que o novo regime criou seus próprios aparatos culturais para difundir a ideologia oficial junto à sociedade. Nos meios de propaganda do regime incluía-se, entre outras, a revista *Cultura Política*, que, dirigida por Almir de Andrade, esteve diretamente vinculada ao DIP. *Cultura Política* definia-se como uma "revista de estudos brasileiros", destinada a elucidar e esclarecer as transformações sociais e econômicas por que passava o país. Trazia relatos minuciosos das realizações governamentais e funcionava como uma central de informações bibliográficas, noticiando e resenhando todas as publicações sobre Vargas e o Estado Novo. Reconhecendo a importância dos intelectuais na estruturação da "nova ordem" como formadores da opinião pública, seria sua função unir governo e povo, traduzindo a voz da sociedade. Tal publicação contava com a colaboração da nata da intelectualidade brasileira, abrigando as mais diversas correntes de pensamento, tendo entre seus colaboradores ideólogos do regime como Almir de Andrade, Francisco Campos, Azevedo Amaral, Lourival Fontes e Cassiano Ricardo, além de colaboradores como Graciliano Ramos, Gilberto Freyre e Nelson Werneck Sodré.[8]

8 Portal www.cpdoc.com.br, acessado em: novembro de 2001.

PARTE 2
A CONSTITUIÇÃO BRASILEIRA DE 10 DE NOVEMBRO DE 1937: UM RETRATO COM LUZ E SOMBRA

4
A CONSTITUIÇÃO BRASILEIRA DE 10 DE NOVEMBRO DE 1937: FORMA DE ELABORAÇÃO E ESTRUTURAÇÃO

Qualquer consideração acerca da Constituição brasileira de 10 de novembro de 1937 conduz à figura de Francisco Campos. Obra individual, ela traz explicitamente as marcas de seu autor, assim como a influência dos ares do período em que foi concebida. Filha de seu tempo e fruto de concepções políticas e ideológicas de seu autor, conectada à realidade brasileira daquele período, assim como às pretensões de Getúlio, obra e criador formam um binômio complexo que, para ser entendido, uma parte remete necessariamente à outra. Assim sendo, antes de comentarmos tal obra, compete vislumbrar as idéias políticas de seu construtor.

Francisco Campos – alguns dados biográficos

Francisco Luís da Silva Campos, nascido em 1891, era natural de Dores do Indaiá, Minas Gerais. Graduado em Direito pela Faculdade Livre de Direito de Belo Horizonte (1914) entrou para a vida política em 1919, quando foi eleito deputado estadual pelo Partido Republicano Mineiro (PRM). Todavia, se sua vida política principia na legislatura estadual, não ficou restrita a este campo. Bastaram dois anos para que Campos chegasse à Câmara Federal, reelegendo-se em

1924. Já nesse período mostrou-se um arguto defensor de posições antiliberais e um oposicionista ferrenho à atuação dos "tenentes", que combatiam o governo federal pelas armas.

Nomeado para a Secretaria do Interior (1926) pelo governador empossado Antônio Carlos, empreendeu profunda reforma educacional no Estado, pautado em postulados do movimento da Escola Nova. Por ocasião da sucessão presidencial, ao tornar-se evidente a preferência de Washington Luís por uma candidatura paulista em prejuízo do mineiro Antônio Carlos, rompendo o acordo da política do "café-com-leite", Francisco Campos foi encarregado pelo governador mineiro de negociar a articulação de uma candidatura oposicionista junto às forças políticas gaúchas. Levando avante sua tarefa, Campos costurou o apoio mineiro que resultou no lançamento do nome de Getúlio Vargas pela Aliança Liberal como candidato à Presidência da República.

Após a derrota de Vargas no pleito de 1930, Francisco Campos participou das articulações que levaram ao movimento armado de outubro daquele ano. Instaurado o novo regime, notabilizado por sua reforma educacional em Minas, foi designado para a direção do recém-criado Ministério da Educação e Saúde, no qual permaneceria até setembro de 1932, realizando ampla reforma do ensino secundário e universitário no país. Em 1933, após disputar sem sucesso como candidato avulso uma cadeira na Assembléia Nacional Constituinte por Minas, transferiu-se para o Rio de Janeiro, sendo nomeado consultor-geral da República, em novembro do mesmo ano.

O próximo passo em sua escalada política foi sua nomeação, em dezembro de 1935, como secretário de Educação do Distrito Federal, pelo prefeito Pedro Ernesto, em substituição a Anísio Teixeira, acusado de envolvimento com o levante armado promovido, dias antes, pela Aliança Nacional Libertadora (ANL). Notável partidário das convicções antiliberais, tornou-se um dos elementos centrais, com Vargas e a cúpula das Forças Armadas, dos preparativos que levariam ao Estado Novo. Nomeado ministro da Justiça dias antes do golpe, foi então encarregado por Vargas de elaborar a nova Constituição do país.

Afastou-se temporariamente do Ministério da Justiça, em 1941, por motivos de saúde. Esse distanciamento provisório acabou tornando-se definitivo diante do crescimento das aspirações de redemocratização e da aproximação do Brasil aos países do Eixo durante a Segunda Guerra. Em janeiro de 1943, o jurista foi nomeado representante brasileiro na Comissão Jurídica Interamericana, cargo exercido até 1955. Já em 1944, passou a defender a redemocratização do país e negou o caráter fascista da Constituição de 1937, ainda em vigência. Em 1945, participou das articulações empreendidas nos meios políticos e militares que levaram ao afastamento de Vargas e ao fim do Estado Novo. Posteriormente, em 1964, embora afastado dos cargos públicos desde a década de 1950, Francisco Campos participou das conspirações contra o governo do presidente João Goulart e, após a implantação do regime militar, voltou a colaborar na montagem de um arcabouço institucional autoritário para o país, participando da elaboração dos dois primeiros Atos Institucionais baixados pelo novo regime (AI-1 e AI-2), e enviando sugestões para a elaboração da Constituição de 1967. Morreu em Belo Horizonte, em 1968.

O pensamento político de Campos: anos trinta uma época de transição

Para Francisco Campos, o que define e caracteriza uma *época de transição* é que, nesse período, o passado fornece o arcabouço interpretativo para um presente que ainda não encontrou suas formas espirituais, mas em que se percebe que as "formas espirituais do passado, com as quais continuamos a vestir o mundo, se revelam inadequadas, obsoletas ou desconformes, pela rigidez, com um corpo de linhas ainda indefinidas ou cuja substância ainda não fixou os seus pólos de condensação". Assim, a época de transição é um período profundamente trágico, marcado por um conflito agudo entre as formas tradicionais do pensar, base sobre a qual se estruturavam as perspectivas sobre o mundo, e as formas inéditas que apontam no horizonte, atribuindo aos acontecimentos configurações novas e desconcertantes (Campos, 1935, p.5).

Para o autor, a década de 1930 era um período de transição; uma época em que as notas da paixão e as retóricas nacionalistas estavam ligadas à carga emocional do mito totêmico do moderno matriarcado político nacionalista formulado por Fitche, com base na idéia de que a "aspiração natural do homem é realizar, no temporal, o eterno".

Segundo Campos, o mito de Fitche fazia crer que os homens, inseridos e contidos na perenidade da vida, visando fugir da transitoriedade que lhe é inerente, prendem-se à possibilidade da duração eterna de suas atividades. Mas a atividade do homem, como ser particular, também é finita, ou seja, transitória: assim a busca pelo eterno, conservado nas atividades, volta-se para a perspectiva de duração das realizações do povo (como raça) que dá existência e no seio do qual se insere o indivíduo. Dessa forma, o homem liga a aspiração de sua eternidade e a de toda a sua obra ao caráter racial do seu povo (Campos, 1935, p.10).

Exemplo deste posicionamento pode ser encontrado na análise das declarações da *Carta Del Lavoro*, acerca da unidade da nação italiana, em que se defende que a união da nação não se funda na uniformidade do regime jurídico, representado pela Constituição ou pelos Códigos, mas no sentimento de que a nação é o envoltório do eterno. Eis o que afirma:

> O Estado, alto administrador dos negócios humanos, autor responsável, diante de Deus e perante a sua consciência, de todos os seres menores, tem plenamente o direito de constranger estes últimos para sua própria salvação. O valor supremo não é o homem, mas a nação e o Estado, aos quais o homem deve o sacrifício do corpo e da alma. (Campos, 1935, p.10)

Para o jurista, na década de 1930, época de transição, o romantismo alemão fornecia o tom e o conteúdo espiritual dos novos regimes, envolvendo as concepções de Estado nacionalista, racista, totalitário e a submersão dos indivíduos no seio totêmico do povo e da raça. A tal ideologia interpretativa da realidade somava-se um componente novo: a aliança de um ceticismo das elites com o romantismo por meio do uso das constelações românticas, como instrumentos ou técnica de controle político, ativadas pela ressurreição das formas arcaicas do pensamento coletivo elevado à expressão simbólica e a pólos de condensação (Campos, 1935, p.11).

A germinação do mito político da violência, após a primeira deflagração mundial, libertou forças, até então latentes, graças à descrença ocasionada nas formas tradicionais de cultura, moral e política, evidenciando suas tenuidades, para não dizer ausência, de substância ou de medula espiritual. As filosofias antiintelectualistas do fim do século XIX e do princípio do XX trouxeram ao ceticismo da elite novos fundamentos na razão, mas não novos conteúdos espirituais. Os valores supremos da vida tombaram desacreditados, na qualidade de objetos de conhecimento racional, e acabaram concebidos como meras traduções simbólicas e mitológicas, isto é, expressões destituídas de valor teórico, cuja função não é dar a conhecer, mas tão-somente reviver os estados de consciência ou as emoções de que é apenas uma imagem mais ou menos inadequada.

Instalou-se, desta forma, o primado do irracional no centro da vida e, em se tratando de formas de vida coletiva, o primado do inconsciente coletivo cujas forças subterrâneas ou telúricas tornavam possível realizar, de modo mais ou menos completo, a integração política que o emprego da razão obtivera de maneira precária e parcial. Desta forma, o irracional foi galgado à condição de instrumento primordial da integração política total, ao passo que o mito passou a ser considerado a expressão mais adequada daquele; entrou em cena a técnica que utiliza o inconsciente coletivo como controle político da nação.

A filosofia antiintelectual, que forneceu aos céticos, mais que uma fé ou uma doutrina política, uma verdadeira técnica de golpe de Estado, integrou o arsenal, construído pela inteligência humana, de instrumentos de sugestão, intensificação, ampliação, propagação e contágio de emoções, redundando na evocação fáustica dos elementos arcaicos da alma humana, de cuja substância nebulosa e indefinida se compõe a medula intelectual da teologia política do momento.

Em Campos, a sistemática intelectual, matriz das premissas do liberalismo do século XIX, pautou-se pela concepção do mundo político como imagem do mundo jurídico, aplicando ao campo da ação política categorias formalísticas do processo do foro, no qual se busca resolver, graças ao jogo dialético de idéias e razões, um conflito real. Um mecanismo formal em que a decisão resulta do confronto e do ajuste de elementos intelectuais e a irracionalidade da vontade porta-se como um instrumento passivo submetido e destinado a executar os ditames da razão. Com base nesta noção, a teologia democrática liberal entendeu a decisão política como objeto e resultado de um processo puramente intelectual, cabendo à vontade tão-somente cumprir as decisões da inteligência, harmonizada pela divisão dos poderes. Por um lado, um Parlamento, vivificado e dinamizado pela constante técnica de discussões ou da dialética racional do qual resultariam, por hipóteses, decisões políticas; por outro, um Executivo ávido e fiel executor das deliberações do Parlamento, destituído de qualquer ímpeto volitivo; e complementando o sistema harmônico, um Judiciário, fiel escudeiro da adequação entre decisão e vontade, o "cão de guarda desta seara".

Assim, a teologia democrática liberal, respondendo às suas modestas exigências intelectuais, estendeu a forma esquemática aplicada aos processos forenses às deliberações políticas, particularmente ao mecanismo de formulação da dita vontade geral. A irracionalidade, representada no processo democrático precisamente pela formulação da vontade geral mediante o voto, era contornada e/ou superada teoricamente, a exemplo da lógica parlamentar e da formalística forense, por uma propensa livre discussão que, por sua vez, esclareceria dialeticamente as vontades convocadas a participar da deliberação final (processo de votação). Ou seja, de forma semelhante à decisão do juiz, as eleições revestiam-se, no processo forense, ou dos representantes do povo, no processo parlamentar, de uma aparente racionalidade e de um suposto sentido técnico objetivo.

A CONSTITUIÇÃO BRASILEIRA DE 10 DE NOVEMBRO DE 1937

Por fim, para a malograda teologia liberal democrática, no tocante ao debate e ao agente dinamizador da discussão e da organização do consenso, o intelectualismo liberal contribuiu com um último ingrediente, a função e o papel da opinião pública, entendida como a responsável pela exposição das propostas em debates com vistas a uma decisão racional ulterior. Com esse intuito, a opinião pública, pautada na liberdade de reunião, de associação e de imprensa, funcionando como um foro comum, levaria à sistematização e à organização do conglomerado caótico das opiniões individuais, condensando-as em um único pólo. Dessa babel formalística, segundo o postulado democrático-liberal, encerradas estas fases de tratamento ou de elaboração forense, o processo político resultaria em decisões consoantes à razão, ou aos critérios de justiça e/ou de verdade (Campos, 1935, p.18-9).

De acordo com Francisco Campos, enquanto o processo político esteve limitado a reduzidas zonas humanas e seu conteúdo não envolvia conflitos ou tensão entre interesses mais ou menos suscetíveis de controle racional e, portanto, acessíveis ao tratamento acadêmico das discussões parlamentares, o sistema pôde funcionar. Todavia, a partir do momento em que o controle político estendeu o seu leque de interesses (nos quais, por vezes, o conflito assumia uma tensão polar insuperável por meio dos processos da sofística forense) e as zonas humanas do poder aumentaram sua área, densidade e inquietação, conseqüentemente a instabilidade instaurou-se no centro da dinâmica formalística democrático-liberal. Tornou-se impossível conciliar, por uma persuasão racional formalística, os choques de interesses de cujo contato resulta efetivamente a centelha das decisões políticas (Campos, 1935, p.19-20).

A entrada das *massas* no cenário político foi outro complicador nesse processo de rupturas e de malogro da doutrina liberal-democrática. As massas, pautadas em um amplo anseio plebiscitário, ao serem inseridas em um contexto ligado à manipulação política por instrumentos míticos, fizeram com que o processo político se mostrasse cada vez mais irracional, tornando ostensivo o estado de violência, verdadeiro potencial energético, dissimulado até aquele momento pelas ideologias racionalistas e liberais. Em suma, o surgimento das massas aprofundou o divórcio entre democracia e liberalismo, pois o pressuposto democrático-liberal relacionado à tensão puramente racional, suscetível de um processo decisivo capaz de resolver-se em um encontro e confronto de idéias racional, viu-se inserido em um estado dinâmico de forças (Campos, 1935, p.17).

No cenário político das massas, as grandes tensões políticas não se resolvem em termos intelectuais formais, muito menos se restringem às polêmicas de idéias. O processo dialético das massas não obedece às regras do jogo parlamentar e desconhece as premissas racionalistas do liberalismo. O advento político das massas eclodiu, tornando evidente a *irracionalidade do processo político*, até então disfarçada pelos postulados otimistas do liberalismo.

Neste caos, as instituições democráticas acabam por se divorciar ostensiva e declaradamente do liberalismo. A livre discussão, até então ilimitada, passou a ter fronteiras definidas e intransponíveis. Liberdade sim, até o momento em que não ameace a ordem estabelecida. Liberdades, de discussão e de opinião, até onde são permitidas. Para salvar a aparente racionalidade do sistema, a democracia transformou em dogmas as decisões fundamentais sobre cuja correção não admite controvérsias. Entretanto, ao eliminar de seu sistema o princípio da liberdade de opção, com a amplitude que o havia formulado o liberalismo, a democracia perdeu seu caráter relativo e cético, tornando-se um sistema monista de integração política, em que as decisões fundamentais redundavam abertamente subtraídas ao processo de discussão, da propaganda, da publicidade para serem imputadas a um centro específico de vontade, de natureza tão irracional como os centros de decisão política dos regimes da ditadura (Campos, 1935, p.21-3).

Em uma aparente antinomia, a inteligência humana contribui para exacerbar a irracionalidade política. À medida que aumentaram os instrumentos capazes de fomentar a propagação, a intensificação e o contágio de emoções, tornou-se cada vez mais fácil transformar a opinião pública em um estado de delírio e alucinação coletiva. Nessa atmosfera de conturbação emotiva, era difícil admitir que os pronunciamentos da opinião pudessem ter outro caráter que não aquele ditado por preferências ou tendências de ordem absolutamente irracionais (Campos, 1935, p.25).

Os processos democráticos resumiam-se, segundo o autor, não ao convencimento, mas à conquista da maioria que, por intermédio de sua força, dominava ou governava o adversário. Assim, a democracia limitava-se a um processo de cooptação possibilitado, naquele momento, pela utilização da substância irracional de que se compunha o tecido difuso e incoerente da opinião. Mais um baluarte da concepção liberal democrática jazia inerte. A categoria da discussão, como instrumento intelectual das decisões políticas, estava suprimida e inoperante (Campos, 1935, p.27).

Assim, a pressão determinada pelo surgimento das massas levou ao abandono das premissas liberais do regime democrático e a uma crise interna, pois, à medida que se interditou a opinião pública, cresceu para as instituições democráticas a contingência de recorrer ao emprego dos processos irracionais de integração política. Isso transformou a democracia do regime liberal em estado integral ou totalitário, deslocando o centro das decisões políticas da esfera intelectual da discussão para o plano irracional ou ditatorial da vontade (Campos, 1935, p.21-3).

Nesse contexto desconcertante, ocorreu a integração política em regimes que organizaram e mobilizaram as massas via forças irracionais, traduzidas na linguagem bergsoniana do mito – não de um mito qualquer, mas precisamente do mito da violência, daquele em que se condensam as mais elementares e poderosas emoções da alma humana, marcando o surgimento do clamor de um César (Campos, 1935, p.14). Portanto, a integração pressupunha uma unidade composta não por elementos racionais ou voluntários, mas pela cumulação de resíduos de natureza inteiramente irracional, em um processo em que as imagens e os mitos funcionavam simultaneamente como intérpretes do desejo e como os componentes libertadores de forças elementares da alma.

Embora o mito da nação tivesse um caráter unificador e funcionasse como pólo de atração, ele não era um contexto de experiências humanas imediatas. Ele era, em geral, constituído por abstrações ou imagens que, em virtude de seu caráter distante da experiência imediata, careciam de uma carga afetiva atual capaz de organizar e configurar, em uma síntese motora, as imagens com as quais não está em ligação direta, ou tem relação de continuidade. Superando essa deficiência, surgira no campo mítico algo novo: o mito da personalidade, que, emaranhado no tecido dos elementos racionais, tornava-se mais denso e compacto. Esse mito, formado por componentes da experiência imediata, possuía entre as massas uma carga simbólica aprimorada, um poder de expressão maior, como instrumento mobilizador, que o mito da nação. Revela-se aí uma antinomia de aparência irracional: o regime de massas criara um clima propício ao mito da personalidade, a política de massas possibilitara a política pessoal, ou seja, redundava no aparecimento de um César. A década de 1930 assistia ao ocaso do mito da nação na linha do horizonte, ao passo que emergia, com força estrondosa, o mito solar da personalidade. Os regimes de massas eram a incubadora adequada à eclosão de um César (Campos, 1935, p.15-6).

No cenário da ação política das massas, a personalidade carismática tornava-se a força motriz de fascinação e de integração, as quais, quanto mais volumosas e ativas, tanto mais a integração política só se tornava possível mediante o ditado de uma vontade pessoal. Chegava-se à conclusão de que o regime político das massas era a ditadura. Nesse caos político, desnaturado em irracionalidade mítica, restava, como única forma natural de expressão da vontade, o plebiscito, isto é, o voto de aclamação, movimento emotivo entre opções unívocas que não admite alternativas, mera escolha entre sim ou não. Não havia mais lugar para a racionalidade nos moldes do voto democrático, expressão relativista e cética de preferência, de simpatia.

Para Campos, a imbricação entre o cesarismo e as massas era um fenômeno comum. Todos os países estavam procurando um homem carismático ou marcado pelo destino, capaz de condensar as aspirações das massas em expressões simbólicas, de fornecer os rumos e imprimir a unidade de uma vontade dura e poderosa ao caos da an-

A CONSTITUIÇÃO BRASILEIRA DE 10 DE NOVEMBRO DE 1937 133

gústia e do medo, presentes nas representações coletivas. Portanto, variando as dimensões espirituais com que cada povo representava essa figura do destino, todos clamavam por um César, e, ao encontrá-lo, não hesitariam em colocar em suas mãos "a tábua em branco dos valores humanos" (Campos, 1935, p.16-7).

A PERCEPÇÃO DE FRANCISCO CAMPOS[1] ACERCA DE GETÚLIO VARGAS

Para o jurista, a implantação do Estado Novo, resultado da necessidade proeminente de salvação nacional, deu-se em obediência à dignidade e às exigências feitas ao homem de Estado no dever de tomar uma decisão excepcional, conforme se expressara Getúlio Vargas no manifesto de 10 de novembro. Deste modo, Campos via Getúlio como o arguto e dedicado chefe de Estado que não fugiu à sua responsabilidade e teve o mérito de empreender a grande reforma, visando a integrar o país, identificando-o como fundador de um novo regime e guia da nacionalidade. Em seus dizeres, a "marca dos predestinados e a estirpe do condutor providencial afirmavam-se, definitivamente, no homem que satisfaz as necessidades fundamentais da vida pública, criando um novo Estado, no propósito de um Brasil novo" (Campos, op. cit., p.35).

---

1 Francisco Campos, inspirado em modelos de organizações fascistas, difundidas pelas experiências alemã, italiana e portuguesa, quando na chefia do Ministério da Justiça, elaborou o Projeto de Organização Nacional da Juventude, com o objetivo de preparar e ajustar jovens em conformidade com os princípios que deviam reger o Estado; certamente que não uma educação para a democracia, um regime decrépito, mas uma educação com vistas a integrar.
Contra o projeto original de Francisco Campos convergiram obstáculos, críticas e propostas de reformulações pela estrutura militar constituída, sobretudo o Exército, pelo fato de Campos pretender implantar uma estrutura paralela àquela mantida pelo Exército. Ao final o projeto ficou reduzido a um movimento cívico, sem maior expressividade, conhecido como Juventude Brasileira. Veja-se BOMENY, H. apud PANDOLFI, D., 1999, p.147-51.

Para ele, Getúlio era a concretização do mito da personalidade, agente integrador e centro de convergência das aspirações do povo. Era o homem providencial, o ungido que, impondo sua vontade dura ao caos político nacional, conduziria o Brasil a seu destino inexorável, à grandeza, à riqueza, à paz social. Para ele redigiu o estatuto do poder.

A percepção do autor acerca de sua obra

Síntese dos princípios e normas primordiais do Estado Novo, a Constituição de 10 de novembro, na visão de seu autor, não poderia ser obra de combinações, ajuste ou coordenação parlamentar ou uma obra especulativa de ideólogos. Deveria ser obra política, prática, simples, direta, inspirada em um longo passado de tentativas frustradas, tendo por missão tornar o governo um fato. O grande desafio era fundar instituições adequadas às vocações do país e ao mesmo tempo assegurar aos brasileiros os direitos próprios à dignidade humana, sem esquecer, todavia, de conferir à nação as garantias essenciais à preservação da sua unidade, de sua segurança e de sua paz. Estabelecer um regime no qual "todos os brasileiros poderiam viver em concórdia e em harmonia uns com os outros, desde que não colocassem acima do país pessoas, opiniões, credos ou ideologias" (Campos, 1938, p.222).

Fiel aos ares da transformação, aquela Carta Constitucional estava fincada na realidade; depois de abandonar a política de paliativos e das medidas parciais, matrizes da ineficácia permanente, trazia o espírito de reforma e de progresso. Substituía instituições reduzidas à aparência, meras exterioridades jurídicas, pelos ditames do espírito público, capaz de promover na realização política a consecução de fins superiores (Campos, 1937, p.46).

Primando pela unidade, a Constituição era um todo sistêmico. Nela havia vários poderes e um só Poder, pois onde existem diversos poderes, mas não há um centro de vontade forte, ou seja, um Poder, não há governo, uma vez que governar exige unidade de pensamento e ação. Não sendo agnóstica, trazia e reconhecia valores supremos e os retirava do fórum de discussões; nas palavras do jurista: "Se com isto um fútil intelectualismo é privado do prazer de dançar em público com certas idéias elegantes e suspeitas, a Nação ganha em substância, em consciência de si mesma, em tranqüilidade, bem-estar e segurança" (Campos, 1937, p.67-8).

A Constituição é democrática – o resto é intriga

De acordo com Francisco Campos, o Estado liberal, fazendo crer ser um regime político democrático, acabara resultando efetivamente em autocracia, ditadura ou em democracias deformadas. Visando evitar regimes fortes, possibilitou-se a demagogia, a luta de partidos e a luta de classes. Concretamente, o Estado liberal fracassou em instaurar o verdadeiro regime democrático, ficando restrito ao triste papel de atender aos interesses de uma classe, um partido ou de um reduzido grupo de indivíduos que exploravam o poder em prejuízo da coletividade. Assim, pretensas garantias ou conquistas, como "o sufrágio universal, a representação direta, o voto secreto e proporcional, a duração rápida do mandato presidencial foram meios impróprios, senão funestos aos ideais democráticos" (Campos, 1937, p.67-8)

Segundo ele, a essência da democracia reside no reconhecimento de que o Estado é constituído pela vontade dos destinatários de seu poder, ou seja, a vontade do povo, conforme declara e reconhece a Constituição de 1937. Em contraposição, a afirmação de que o "Estado é produzido pela vontade popular, não implica a conclusão de que o sufrágio universal seja um sistema necessário de escolha, nem a de que o Presidente da República deva exercer o seu cargo por um curto período de tempo, não podendo ser reeleito". A forma pela qual se pode aferir a vontade popular deve ser estabelecida em consonância com a realidade social de cada Estado e não com ensinamentos meramente didáticos, ou abstrações filosóficas especulativas (Campos, 1937, p.67-8).

A vontade do povo, tendo primado sobre todos os valores sociais, é que deve determinar a renovação dos valores, e não prazos predeterminados; a regra é a do bem-estar geral. A democracia não se define por meios, processos, técnicas, mecanismos que "fabricam a opinião"; não é pelo fato de um regime haver montado uma máquina de registro da vontade popular que este é democrático; a democracia real está expressa nos valores que orientam a ação do regime (Campos, 1937, p.76-7).

Para o jurista, a larga experiência democrática daqueles últimos cem anos havia multiplicado seus mecanismos para torná-la efetiva: sufrágio universal, "referendum", legislação direta, o "recal" e o princípio de rotatividade nos cargos eletivos, entre outros expedientes, artifícios e combinações. No entanto, nenhum desses artifícios resultou na abolição de privilégios ou imprimiu o sentimento de honra, dever ou retidão aos diversos governos. Ao contrário, tais mecanismos, ao desprender de modo significativo o povo do governo, "tornando mais obscuros, confusos e ininteligíveis os seus processos, aumentaram as oportunidades de corrupção e de fraude", reduzindo a democracia a um "formalismo de processos em que não havia lugar para o espírito ou o ideal democrático" (Campos, 1937, p.78).

Sob tal visão, a Constituição de 10 de novembro era diferente, inovava no sentido da democracia, trazia a marca da inspiração puramente democrática em todos os seus capítulos, "particularmente no que se referia à ordem econômica, à educação e cultura, às garantias e aos direitos individuais", galgando à condição de entidade primordial. A Constituição, organizada a fim de assegurar ao povo a paz, o bem-estar e a participação em todos os bens da civilização e da cultura, visou integrar a liberdade individual à sistemática do Estado.

Para a doutrina liberal, o fim último do Estado era a proteção e a garantia das liberdades individuais, ao passo que os valores da vida nacional, e os valores materiais e morais, não tinham carta de direitos. Superando esse anacronismo, a doutrina do Estado-Nação estipula, conjuntamente aos direitos individuais, o reconhecimento aos direitos da nação ou do povo que, se, por um lado, limitam os direitos e as liberdades individuais, por outro, tornam o bem público pressuposto obrigatório do governo. Nascia uma democracia substantiva, contemplada por Campos na Carta de 1937, oposta à democracia formal que não passava de mera aparência.

Abrindo espaço à máquina democrática, a Constituição previa meios de expressão da vontade geral, escolhidos entre aqueles que pensou serem os mais adequados aos costumes, à tradição, à experiência política, enfim às particularidades do meio político e social brasileiro. Para Campos:

se ... o ideal democrático não se realizar entre nós em medida maior que no passado, o mal não estará no regime, mas nos homens incumbidos de operá-lo. Estou certo, porém, de que, ainda admitindo defeitos de seu funcionamento, as novas instituições democráticas do Brasil, mais do que as anteriores, assegurarão garantias efetivas à realização do bem público. E a democracia, como qualquer forma de governo, só pode ser julgada pela soma de bem público que seja capaz de produzir. Não há outro teste ou meio de verificação da bondade ou da conveniência de uma forma de governo. Os frutos dirão da árvore. (Campos, 1937, p.79-80)

A percepção de Getúlio Vargas acerca da Carta de 1937

Na noite do dia 10 de novembro, referindo-se à Constituição outorgada naquela manhã, Getúlio ressaltou a nova estrutura legal, corporificando um novo arranjo institucional com o grande mérito de não trazer em seu bojo uma ruptura traumática nos sistemas de opinião. Inaugurava-se uma nova urdidura legal na qual permanecia a forma democrática – o processo representativo e a autonomia dos Estados –, preservando-se as linhas tradicionais da federação orgânica (Vargas, 1937a, p.28).

Para Getúlio, a Constituição de 10 de novembro, alcançando uma realidade acima de meros formalismos jurídicos, mostrava-se fiel às tradições, preservando a coesão nacional graças à manutenção da paz necessária ao desenvolvimento sistemático e organizado das potencialidades brasileiras. Primando por imperativos de ordem e segurança, ela garantia o trabalho, o capital, a família e o Estado, enfim assegurava um real, efetivo e frutífero encadeamento e funcionamento tanto das atividades produtivas como do poder público (Vargas, 1937b, p.114-5).

Portanto, a Carta de 37 era, aos olhos de Getúlio, um instrumento atual, eficaz e adaptado aos problemas presentes naquele período da história brasileira. Não se tratava de mera ordenação jurídica, talhada em conformidade com figurinos da moda; era, antes de qualquer coisa, um horizonte dos rumos e do sentido que o progresso e o engrandecimento do Brasil deveriam seguir (Vargas, 1937c, p.121-2).

Para Getúlio, as insinuantes perspectivas e expectativas de inovações, seja quanto ao Estado Novo ou no tocante aos princípios consagrados na Carta de 1937, eram tão-somente suspiros infundados, frutos de sentimentos antipatrióticos, espírito de sabotagem. Afirmou: "Nenhuma modificação se fará. Ao contrário, consolidaremos o que está feito". Ao saudosismo do liberalismo anacrônico e inoperante impor-se-ia a restauração econômica e política da Nação. Do mesmo modo, alegava ser totalmente infundada a inferência de que o sistema político constitucional vigente não era democrático, bastava considerar em contraposição a esta percepção distorcida a permanência da forma republicana presidencialista e do caráter representativo. Neste sentido, o reforço da autoridade do presidente, estampado na Carta de 37, nada mais era do que uma tendência normal das organizações políticas modernas (Vargas, 1938, p.186-7).

A Constituição de 1937: descrição física e o sentido de seu preâmbulo

A Constituição Brasileira de 1937 é um texto conciso. Inicia-se com um preâmbulo e contém 187 artigos, alguns dos quais com di-

A CONSTITUIÇÃO BRASILEIRA DE 10 DE NOVEMBRO DE 1937

versos incisos. Não apresenta subdivisões em capítulos ou seção, estando os artigos dispostos nos seguintes itens: da organização nacional (37 art.), do poder legislativo (8 art.), da câmara dos deputados (4 art.), do conselho federal (7 art.), do conselho de economia nacional (7 art.), das leis e resoluções (3 art.), da elaboração orçamentária (6 art.), do presidente da República (11 art.), da responsabilidade do presidente da República (3 art.), dos ministros de Estado (2 art.), do poder judiciário (7 art.), do Supremo Tribunal Federal (6 art.), da justiça dos Estados, do Distrito Federal e dos territórios (11 art.), da Justiça Militar (3 art.), do Tribunal de Contas (1 art.), da nacionalidade e da cidadania (7 art.), dos direitos e garantias individuais (2 art.), da família (4 art.), da educação e da cultura (7 art.), da ordem econômica (21 art.), dos funcionários públicos (4 art.), dos militares de terra e mar (1 art.), da segurança nacional (5 art.), da defesa do Estado (8 art.), das emendas à Constituição (1 art.) e disposições transitórias e finais (13 art.).

O preâmbulo da Carta de 1937 é assim expresso:

O Presidente da República dos Estados Unidos do Brasil
Atendendo às legítimas aspirações do povo brasileiro à paz política e social, profundamente perturbada por conhecidos fatores de desordem resultantes da crescente agravação dos dissídios partidários, que uma notória propaganda demagógica procura desnaturar em luta de classe, e da extremação de conflitos ideológicos, tendentes, pelo seu desenvolvimento natural, a resolver-se em termos de violência, colocando a Nação sob a funesta eminência da guerra civil.

Atendendo ao estado de apreensão criado no país pela infiltração comunista, que se torna dia a dia mais extensa e profunda, exigindo remédios de caráter radical e permanente;

Atendendo a que, sob as instituições anteriores, não dispunha o Estado de meios normais de preservação e de defesa da paz, da segurança e do bem-estar do povo;

Com o apoio das Forças Armadas e cedendo às aspirações da opinião nacional, umas e outras justificadamente apreensivas diante dos perigos que ameaçavam a nossa unidade e da rapidez com que vem processando a decomposição de nossas instituições civis e políticas: Resolve assegurar à Nação a sua unidade, o respeito a sua honra e a sua independência, e ao povo brasileiro, sob um regime de paz política e social, as condições necessárias à sua segurança, ao seu bem-estar e a sua prosperidade, Decretando a seguinte constituição, que se cumprirá desde hoje em todo o país.

Ou seja, de acordo com tal preâmbulo, no tenebroso caos social e político daquele momento no país, capaz de gerar uma guerra social e/ou a desintegração nacional, surge a figura de um homem providencial, o presidente da República, incorporando toda a extensão do poder constituinte. Síntese da vontade nacional, ele outorga uma Constituição que tutela o povo contemplando seus presumidos interesses e vontade, com o objetivo primordial de alcançar bem-estar, tranquilidade social e prosperidade nacional.

Mais uma vez, utiliza-se o discurso da "ameaça comunista", habilmente manipulado desde 1935, para o fechamento político, como um perigo iminente que seria necessário eliminar em definitivo. Caso a proposta de proteção e salvaguarda dos interesses do povo não fosse suficiente para convencer todos os brasileiros, o preâmbulo informa que a nova Constituição dispunha do apoio das Forças Armadas, ou seja, além de representar as aspirações da opinião pública, contemplar os fins nobres de uma política nacional salvacionista, a Constituição contava ainda com os potentes "argumentos" do fuzil, da baioneta e das grades das celas.

5
OS ATRIBUTOS DO EXECUTIVO FEDERAL

As disposições constitucionais da Carta de 10 de novembro de 1937 investiam o presidente da República de poderes praticamente ilimitados. Na condição de chefe supremo da Nação, concentrava poderes tão extensos quanto extraordinários, englobando a vida política e social brasileira, o rumo e o destino do Brasil. O Executivo foi constitucionalmente definido como a autoridade suprema do Estado, que "coordena as atividades dos órgãos representativos, de grau superior, dirige a política interna e externa, promove ou orienta a política legislativa de interesse nacional, e superintende a administração do país" (art. 73).

A competência privativa do presidente da República, definida no art. 74, merece uma observação acurada. Em sua primeira alínea determina que ao presidente cabia privativamente sancionar, promulgar e fazer publicar as leis e expedir decretos-lei e regulamentos para sua execução, assim como expedir decretos-lei (art. 74, "a").

No tocante à capacidade de expedir decretos-lei, uma vez que pelo art. 178 haviam sido dissolvidos a Câmara dos Deputados e o Senado Federal e que as eleições para a nova composição seriam marcadas pelo presidente da República, só após a realização do plebiscito nacional (art. 187) a que deveria ser submetida aquela Constituição, e considerando-se que pelo art. 180, enquanto não se reunisse o Parlamento Nacional, o presidente da República teria o poder de expedir decretos-lei sobre matérias da competência legislativa da União, resulta que tecnicamente o presidente estava autorizado a expedir decretos-lei acerca de todas as matérias de competência da União.

O art. 74 estipulava também como competência privativa do presidente da República: a) manter relações com Estados estrangeiros; b) celebrar convenções e tratados internacionais, *ad referendum* do Poder Legislativo; c) exercer a chefia suprema das Forças Armadas da União, administrando-as por intermédio dos órgãos e alto comando; d) decretar a mobilização das Forças Armadas; e) declarar a guerra, depois de autorizado pelo Poder Legislativo, e independentemente de autorização, em caso de invasão ou agressão estrangeira; f) trazer a paz *ad referendum* do Poder Legislativo; g) permitir, após autorização do Poder Legislativo, a passagem de forças estrangeiras pelo território nacional; h) intervir nos Estados e neles executar a intervenção, nos termos constitucionais; prover os cargos federais, salvo as exceções previstas na Constituição e nas leis; i) decretar o estado de emergência ou de guerra; e j) determinar que entrem provisoriamente em execução, antes de aprovados pelo Parlamento, os tratados ou convenções internacionais, se a isso o aconselhar o interesse dos países.

Ainda pelo art. 74, alínea "m", foi legada ao presidente a capacidade privativa de autorizar brasileiros a aceitar pensão, emprego ou comissão de governo estrangeiro, lembrando que neste caso a desobediência implicaria a perda da nacionalidade, conforme art. 116, "b"[1], além das prerrogativas de:

I - indicar um dos candidatos à Presidência da República (art. 75, "a");
II - dissolver a Câmara dos Deputados, caso esta, após ter sido comunicada pelo presidente das medidas tomadas durante a vi-

---

1 Art. 116. Perde a nacionalidade o brasileiro:
b) que, sem licença do Presidente da República, aceitar de governo estrangeiro comissão ou emprego remunerado; (...).

gência de estado de emergência ou de guerra, viesse a responsabilizá-lo, e convocar novas eleições. (art. 75, "b" reportando-se ao art. 167, parágrafo único).

III - nomear os ministros de Estado (art. 75, "c");
IV - designar os membros do Conselho Federal reservados à sua escolha (art. 75, "c"); e
V - exercer o direito de graça (art. 75, "d").

Os atos presidenciais, com exceção daqueles praticados no uso de suas prerrogativas, deveriam ser referendados pelos seus ministros (art. 76). Entretanto, este era um controle no mínimo inócuo; basta lembrar que a nomeação dos ministros era faculdade presidencial (art. 75, "c"), o que implica sintonia estreita entre eles, e em caso de recusa, bastava nomear outro ministro que concordasse.

No caso de os Estados se subdividirem, desmembrarem ou incorporarem entre si, além da aquiescência das respectivas assembléias legislativas, em duas sessões anuais consecutivas e com aprovação do Parlamento Nacional, o presidente da República poderia submeter a resolução do Parlamento a plebiscito das populações interessadas (art. 5, parágrafo único).

Em caso de intervenção nos Estados, além de declarar a intervenção e nomear o interventor com as funções constitucionais do Executivo estadual, o presidente da República poderia investir o interventor com poderes e delegações extraconstitucionais, segundo o seu juízo de conveniência e necessidade (art. 9).

Ao presidente cabia a iniciativa de projetos de lei (art. 64, caput); em caso de projeto de iniciativa da Câmara ao Executivo competia expedir os regulamentos complementares (art. 11). Ademais atribuiu-se ao chefe do Executivo as funções de: prorrogar ou convocar extraordinariamente o Parlamento Nacional, fixando as matérias sobre as quais deveria deliberar (art. 65, caput e § 1º); indicar dez membros para o Conselho Federal (art. 50); sancionar e promulgar projeto de lei adotado em uma das Câmaras e submetido à outra ou, caso entendesse que um projeto de lei fosse inconstitucional ou contrário aos interesses nacionais, vetá-lo total ou parcialmente (art. 66, caput, e § 1º).

O presidente da República, com a Câmara dos Deputados, estava autorizado a promover emenda, modificação ou reformulação da Constituição (art. 174). Caso a proposta fosse de iniciativa da Câmara dos Deputados, ele poderia, caso desejasse, pedir que o projeto fosse submetido a nova tramitação por ambas as Câmaras no curso da legislatura seguinte (art. 174, § 3º). Caso o projeto do Executivo fosse rejeitado ou se o Parlamento aprovasse definitivamente um projeto de iniciativa da Câmara, com a oposição presidencial, este poderia solicitar que um ou outro projeto fosse submetido a plebiscito nacional no prazo de noventa dias. O projeto só se transformaria em lei se o plebiscito fosse favorável (art. 174, § 4).

Pelas disposições transitórias e finais, Getúlio Vargas era confirmado no cargo de presidente da República, tendo seu mandato sido renovado até a realização do plebiscito nacional, e sendo este favorável à continuidade do regime, automaticamente o mandato de Vargas seria de seis anos, a contar da outorga daquela Carta.

Conferiu-se ao chefe do Executivo o poder de confirmar os mandatos dos governadores e de intervir nos Estados (art. 176), por um prazo de sessenta dias, a contar da outorga da Constituição, assim como a capacidade de aposentar ou reformar funcionários civis e militares, cujo afastamento se impusesse, a juízo exclusivo do governo, no interesse do serviço público ou conveniência do regime (art. 177).

A Carta de 37, ao dissolver a Câmara dos Deputados e o Senado Federal, atribui, ao presidente da República a capacidade de determinar a data das eleições para a formação do novo Parlamento Nacional, a serem realizadas após o plebiscito nacional (art. 178). Timidamente definiram-se alguns crimes de responsabilidade a ele imputados, nos casos de atos que atentassem contra:

   I - a existência da União;
   II - a Constituição;
   III - o livre exercício dos poderes políticos;
   IV - a probidade administrativa e a guarda e emprego do dinheiro público; e

V - a execução das decisões judiciárias.

Caso fosse submetido a julgamento por crime de responsabilidade, o presidente da República só seria processado e julgado perante o Conselho Federal após ter sido declarada a procedência da acusação por dois terços da Câmara dos Deputados (art. 86). O Conselho Federal era formado por um representante de cada Estado e por dez membros indicados pelo presidente da República (art. 5º, caput e parágrafo único), mas a presidência do Conselho era exercida por um ministro de Estado designado pelo presidente. A pena política capital poderia ser a perda do cargo com a inabilitação para o exercício de qualquer função pública até o máximo de cinco anos, sem prejuízo das ações civis e criminais cabíveis na espécie (art. 86, § 1º). A tipificação, os meios processuais de acusação, o processo e o julgamento dos crimes de responsabilidade referente ao presidente da República seriam regulados em lei posterior (art. 86, § 2º). Por fim, durante o transcurso do exercício de suas funções ele não poderia ser processado por atos estranhos a estas (art. 87).

As eleições presidenciais

De acordo com a Constituição, em caso de impedimento temporário ou visita a outros países, o presidente designaria entre os membros do Conselho Federal (art. 77) seu substituto. Do mesmo modo, caso vagasse a Presidência da República, o Conselho Federal elegeria entre seus membros um presidente provisório que deveria convocar eleições para o quadragésimo dia após sua posse (art. 78). Se o conselho não pudesse realizar de imediato a eleição, caberia ao presidente do Conselho assumir a Presidência da Republica até a eleição do presidente provisório (art. 78, § 1º).

Como condição para a elegibilidade para o cargo de presidente da República exigia-se que o candidato fosse brasileiro nato e maior de 35 anos (art. 81). Lembre-se de que Francisco Campos considerava a massa incapaz de amplas escolhas; não acreditava no liberalismo e muito menos na democracia, sendo partidário do mito da personalidade. Talvez por isso determinasse na Carta de 1937, como regra geral, que os pleitos eleitorais se dariam de modo indireto. No caso da eleição presidencial, reservou o sufrágio universal tão-somente à situação em que existissem dois candidatos: um indicado pelo Colégio Eleitoral e outro pelo presidente da República. Em princípio, a escolha dar-se-ia por meio de um colégio eleitoral, a ser composto da seguinte forma (art. 82):

a. eleitores designados pelas Câmaras de Vereadores que elegeriam, em cada Estado, representantes em proporcionalidade com o número de eleitores, tendo como teto o máximo de 25 por Estado;
b. cinqüenta eleitores, designados pelo Conselho de Economia Nacional, de maneira proporcional entre empregados e empregadores; e
c. vinte e cinco eleitores, designados pela Câmara dos Deputados, e 25 designados pelo Conselho Federal, entre cidadãos de notória reputação.

Observadas essas condições, restava a restrição de que a designação para eleitor do presidente da República não poderia recair em integrante do Parlamento Nacional ou das Assembléias Legislativas (art. 82, parágrafo único).

De caráter transitório, o Colégio Eleitoral seria constituído noventa dias antes do término do mandato presidencial (art. 83), se reunindo na Capital da República vinte dias antes desse prazo (término do mandato presidencial) para escolher e indicar seu candidato à Presidência da República. Caso o presidente não se valesse de sua prerrogativa de indicar candidato, o nome escolhido pelo Colégio Eleitoral seria o novo presidente (art. 84). Entretanto, se o presidente da República discordasse da escolha do Colégio Eleitoral e, portanto, indicasse um nome, a escolha final seria por meio de eleição direta e universal entre os dois candidatos, sendo o seu mandato automaticamente prorrogado durante esse período até a posse do presidente eleito (art. 84, parágrafo único). É bom lembrar que não foram estabelecidos prazos para concluir tal eleição direta.

Com a palavra Francisco Campos e Getúlio Vargas!

Em relação à tripartição dos poderes, vigente na Carta de 1934, Francisco Campos salientou que esta gerou embaraços que tornariam quaisquer instrumentos de governo ineficientes. Estivera montado, segundo ele, "um formidável aparelhamento voltado à abulia e à inação pelo próprio mecanismo do seu funcionamento, em que a iniciativa de uma peça encontrava a resistência de outra, e cujo destino era, precisamente, retardar, amortecer ou deter-lhe o movimento" (Campos, 1937, p.42). Desse modo, alegava que para superar tal situação catastrófica, a construção constitucional da máquina do governo foi simples e direta. Pautou a ação eficaz do governo, de acordo com um princípio simples: "O governo gravita em torno de um chefe, que é o presidente da República". Reconhecendo o presidente como chefe central do governo, conferiu-lhe a força, a capacidade e o poder para dar andamento às iniciativas dos demais órgãos do governo. E mais, se o princípio da concentração foi utilizado como norte do Executivo, não deveria ficar restrito a esse ramo; deveria ser estendido à máquina administrativa, que deveria ser regulada de acordo com esse novo fundamento, o que a tornaria organizada, eficiente e econômica (Campos, 1937, p.58-9).

Ao ser investido de um poder supremo, o presidente da República fora colocado em contato direto com o povo. Se, por um lado, lhe foram atribuídos poderes e prerrogativas, por outro, foi incumbido de duros encargos. Como responsável pelo destino da nação, ele somente exercia as suas prerrogativas contando com o apoio do povo, tendo o seu mandato um caráter eminentemente democrático e popular (Campos, 1937, p.58).

De acordo com Campos, não havia correlação entre as atribuições conferidas ao presidente da República e o método adotado para a sua eleição. Mas, se optasse por esta óptica – da correlação entre as atribuições do presidente da República e a forma de sua eleição – teria mais um argumento a favor da eleição indireta, pois, a extensão, o alcance e a significação das atribuições conferidas ao presidente no Estado Novo reclamam que a escolha do cidadão a ser investido de tão amplos poderes seja feita em um ambiente de serenidade e através de processos que coloquem a eleição nas mãos de elementos capazes de proceder com um critério elevado e acima da influência das paixões demagógicas. (Campos, 1938, p.80-1)

Além do mais, a eleição indireta afasta o inconveniente das "agitações periodicamente determinadas pelas campanhas inerentes aos métodos de eleição direta". Ora, o Brasil já possuía uma experiência dolorosa e nefasta de crises determinadas por sucessão presidencial na administração pública e na vida econômica do país, assim era inadmissível persistir no erro e continuar com um processo eleitoral inconveniente para os interesses nacionais. Dessa forma, convenientemente, a Constituição só deixou subsistir o processo de eleição direta quando o presidente, no uso da faculdade prevista no parágrafo único do art. 84, indicasse candidato em oposição ao do Colégio Eleitoral. Nessa oportunidade seria resolvida pelo pronunciamento "plebiscitário da nação" (Campos, 1938, p.80-1).

Campos defendeu que a primazia dada ao presidente não o tornava infalível nem irresponsável. Referindo-se ao artigo 74 (que definia as competências privativas do presidente) alegava que havia várias atribuições que o presidente da República desempenharia em concurso do Poder Legislativo, ao passo que deveria comunicar à Câmara dos Deputados as medidas tomadas durante o estado de guerra ou o estado de emergência (art. 167). Do mesmo modo, algumas nomeações para cargos públicos a serem feitas pelo presidente da República estariam sujeitas à aprovação do Conselho Federal. Assim, a Constituição:

> não quis atribuir ao Presidente poderes discricionários que só a ele pertencessem e não estivessem sujeitos a limitações. O exercício desses poderes também não era infalível, nem colocava o Presidente acima de qualquer exame. Ao invés disto, cabia-lhe responsabilidade criminal pelos atos, definidos em lei, que atentassem contra a existência da União, a Constituição, o livre exercício dos poderes políticos, a probidade ad-

ministrativa, a guarda e o emprego do dinheiro público e a execução das decisões judiciais.

Ficava assim entendido que "a primazia concedida ao presidente da República, tornando possível o melhor desempenho das funções de governo, não isentava os seus atos do exame, da crítica e da punição" (Campos, 1938, p.82).

Acerca da capacidade de o presidente decretar a intervenção nos Estados (art. 9), o jurista atestou que tal poder não divergia do sentido do novo regime. Na qualidade de centro da nova organização estatal, o chefe da nação concentrava as atribuições referentes à garantia da unidade nacional, da segurança do Estado e da estabilidade da ordem social. Então caber-lhe-ia julgar a oportunidade e a conveniência da intervenção, segundo as hipóteses previstas no referido artigo (Campos, 1938, p.97).

Nos dizeres de Vargas, todos deveriam saber que o regime instituído em 10 de novembro era democrático, pois mantinha traços essenciais a esse sistema, como a forma republicana presidencialista e o caráter representativo. Segundo ele, a centralização e o reforço da autoridade do presidente eram

> tendência normal das organizações políticas modernas. Essa forma de concentração do poder corresponde a imperativos de ordem prática, tanto social quanto econômica. E note-se, mesmo os países de regime parlamentar recorrem, freqüentemente, a essas medidas sempre que têm de fazer face a situações excepcionais ou de crise e desequilíbrio das forças internas. (Vargas, 1938, p.52)

Assim, o regime de 10 de novembro era um regime que atendia diretamente aos interesses do povo (interesses presumidos, diga-se de passagem), sem necessidade de intermediários, e, portanto, *democrático*, diferentemente dos

> regimes demo-liberais, onde a intervenção do povo não passa de ficção eleitoral, quando não se deturpa e falseia através de uma ação formalística estéril e da influência de representantes constituídos em assembléias,

onde se trata de tudo e a propósito de tudo se discute, menos dos verdadeiros interesses públicos, onde a responsabilidade das decisões disfarça o predomínio de grupos ou de indivíduos associados para a exploração do poder. (Vargas, 1938, p.52)

O adestramento do Legislativo

Uma leitura superficial, em face das diversas menções ao Parlamento Nacional na Constituição de 10 de novembro de 1937, poderia levar à falsa compreensão da existência de um sistema eqüitativo e harmônico entre Executivo e Legislativo. Este estava totalmente subordinado e vinculado àquele.

Pela Carta de 1937, foram dissolvidos a Câmara dos Deputados e o Senado, constituídos em 1934, estabelecendo-se que o Poder Legislativo seria exercido pelo Parlamento Nacional, com a colaboração (entenda-se subordinação ao) do Conselho de Economia Nacional e do presidente da República. Do primeiro, mediante parecer nas matérias de sua competência, e deste pela iniciativa e sanção dos projetos de lei e promulgação dos decretos-lei autorizados pela Constituição (art. 38). Esse Conselho da Economia Nacional[2] seria com-

---

2 O Conselho de Economia Nacional subdividia-se em cinco seções: indústria e artesanato, agricultura, comércio, transportes e crédito (art. 57, parágrafo único). A presidência do Conselho de Economia caberia a um ministro de Estado, indicado pelo presidente da República (art. 59, caput), do mesmo modo que caberia a este designar, dentre pessoas qualificadas pela sua competência especial, até três membros para cada uma das seções da economia nacional (art. 59, § 1º). As atribuições do Conselho de Economia, definidas constitucionalmente (art. 61) eram: promover a organização corporativa da economia nacional; estabelecer normas relativas à assistência prestada pelas associações, sindicatos ou institutos; editar normas reguladoras de contratos coletivos de trabalho entre sindicatos da mesma categoria de produção ou entre associações representativas de duas ou mais categorias; emitir parecer sobre todos os projetos de iniciativa do governo ou de qualquer das câmaras, que interessassem diretamente à produção nacional; organizar, por iniciativa própria ou propostos pelo governo, inquéritos sobre as condições de trabalho, da agricultura, da indús-

posto por representantes de vários ramos da produção nacional, designados, entre pessoas qualificadas por sua competência especial, pelas associações profissionais ou sindicatos reconhecidos em lei, garantida a igualdade de representação entre empregados e empregadores (art. 57, caput). Cabia no rol de suas competências, art. 61, "d", a função de emitir pareceres em todos os projetos, quer de iniciativa do governo ou de algumas das Câmaras, que interessassem diretamente à produção nacional.

Na estrutura legislativa prevista na Constituição de 10 de novembro (art. 38, § 1°), o Parlamento Nacional seria composto por duas Câmaras, a Câmara dos Deputados e o Conselho Federal. A nenhum cidadão seria permitido fazer simultaneamente parte de ambas as Câmaras (art. 38, § 2 °). Quanto ao funcionamento da Câmara dos Deputados e do Conselho Federal, definiu-se que funcionariam separadamente e quando não se estabelecesse o contrário deliberariam por maioria de voto, em sessões públicas, presente a maioria absoluta de seus membros (art. 40). A cada uma das Câmaras caberia: eleger sua mesa, organizar seu regimento interno, regular o serviço de polícia e nomear os funcionários de sua secretaria (art. 41).

Havia algumas garantias formais aos membros das Câmaras: durante o prazo de funcionamento do Parlamento, nenhum de seus membros poderia ser preso ou processado criminalmente sem a licença da casa legislativa, a não ser que fosse pego em flagrante praticando crime inafiançável (art. 42). Por opiniões e votos emitidos no exercício de suas funções, os membros do Parlamento Nacional *res-*

---

tria, do comércio, dos transportes e do crédito, com o fim de incrementar, coordenar e aperfeiçoar a produção nacional; preparar as bases para a fundação de institutos de pesquisa que, atendendo à diversidade das condições econômicas, geográficas e sociais do país, teriam por objeto, racionalizar a organização e a administração da agricultura e da indústria assim como estudar os problemas do crédito, da distribuição e da venda e os relativos à organização do trabalho; emitir parecer sobre todas as questões relativas à organização e reconhecimento dos sindicatos, associações profissionais e propor ao governo a criação de corporações de categoria (art. 6, alíneas "a" a "h").

ponderiam somente perante sua respectiva Câmara, mas não estariam, porém, isentos de responsabilidade civil e criminal por difamação, calúnia, injúria, ultraje à moral pública ou provocação pública ao crime (art. 43). E caso viessem a realizar manifestação contrária à existência ou independência da Nação, ou incitassem a subversão violenta da ordem política ou social, qualquer uma das esferas legislativas, por maioria de votos, estava habilitada a declarar vago o lugar do deputado ou membro do Conselho Federal, autor da manifestação ou incitamento (art. 43, parágrafo único).

Ambas as Câmaras, ou alguma de suas comissões, podia convocar um ministro de Estado para prestar esclarecimento sobre matérias sujeitas a deliberação delas. Reservava-se ao ministro a faculdade de requisitar dia e hora para ser ouvido (art. 45). Note-se que os ministros poderiam ser convocados unicamente para prestar esclarecimentos sobre matéria sujeita a deliberação do Parlamento.

Aos membros do Parlamento Nacional era vedado: celebrar contrato com a administração pública federal, estadual ou municipal; aceitar ou exercer cargo, comissão ou emprego público remunerado, salvo missão diplomática de caráter extraordinário; exercer qualquer lugar de administração ou consulta, ou ser proprietário ou sócio de empresa concessionária de serviços públicos ou de sociedade, empresa ou companhia que gozasse de favores, prestígio, isenções, garantias de rendimento ou subsídio do Poder Público; ocupar cargos públicos de que fosse demissível *ad nutum*; patrocinar causas contra a União, Estados ou municípios (art. 44, caput). Como consolo, no intervalo das sessões, os membros do Parlamento poderiam reassumir os cargos públicos de que fossem titulares. (art. 44, parágrafo único).

Como já foi mencionado anteriormente, o Parlamento Nacional compunha-se de duas Câmaras: a Câmara dos Deputados e o Conselho Federal. A Câmara dos Deputados era formada pelos representantes do povo, eleitos mediante sufrágio universal indireto (art. 46), e da qual participavam, como eleitores, os vereadores municipais mais um conjunto de dez cidadãos, escolhidos em pleito direto no mesmo ato de eleição da Câmara Municipal. Cada Estado constituiria uma circunscrição eleitoral, art. 47, caput e parágrafo único,

A CONSTITUIÇÃO BRASILEIRA DE 10 DE NOVEMBRO DE 1937

tendo um número de deputados proporcional à sua população, respeitados o limite mínimo de três e o máximo de dez (art. 48). A função dessa Câmara era iniciar a discussão e a votação das leis de impostos e fixação das forças de terra e ar, bem como todas as que acarretassem aumento de despesas (art. 49).

O Conselho Federal era composto por representantes dos Estados e por dez membros nomeados pelo presidente da República com mandato de seis anos (art. 50). Cada Estado, por sua Assembléia Legislativa, escolheria tão-somente um representante. Se o governador do Estado não concordasse com o nome escolhido, poderia vetá-lo e, neste caso, deveria ser confirmado o nome eleito mediante dois terços de votos da totalidade dos membros da Assembléia (art. 50, parágrafo único).

Os membros do Conselho Federal, presididos por um ministro de Estado designado pelo presidente da República (art. 56), legislariam para o Distrito Federal e para os territórios, no que se refere aos interesses peculiares dos mesmos (art. 53), e iniciariam a discussão e a votação de projetos de lei sobre: tratados e convenções internacionais; comércio internacional e interestadual; e regimes de portos e navegação de cabotagem (art. 54). Assim, era o responsável por aprovar as nomeações de ministros do Supremo Tribunal Federal e do Tribunal de Contas, dos representantes diplomáticos, exceto os enviados em missão extraordinária, e aprovar os acordos concluídos entre os Estados (art. 55).

A Constituição previa, em seu art. 5°, que os Estados poderiam se incorporar, subdividir ou desmembrar, seja para anexarem-se a outros ou para formarem novos Estados, desde que houvesse a aquiescência das respectivas Câmaras Legislativas e Assembléias Legislativas, em duas sessões anuais consecutivas, e aprovação do Parlamento Nacional. Em um primeiro momento, subentende-se que o Parlamento Nacional decidiria em último grau após aprovação em suas Assembléias Legislativas. Todavia, caso o presidente da República discordasse da aprovação do Parlamento, poderia submeter a resolução deste, acerca do assunto aqui referido, diretamente a plebiscito das populações interessadas (art. 5°, parágrafo único).

O caput do art. 64 determinava que a iniciativa dos projetos de lei cabia, em princípio, ao governo, sendo que na hipótese de o projeto de lei interessar à economia nacional, este seria remetido à consulta do Conselho de Economia Nacional (art. 65, caput). Se o projeto fosse de *iniciativa do governo* e obtivesse parecer favorável do Conselho de Economia Nacional, seria submetido apenas a uma discussão em cada uma das Câmaras, que neste caso se limitaria a aceitá-lo ou rejeitá-lo. E, antes da deliberação da Câmara Legislativa, o governo poderia retirar os projetos ou emendá-los, ouvindo novamente o Conselho de Economia Nacional, se as modificações importassem alteração substancial daqueles. Caso o projeto de lei fosse adotado em uma das Câmaras, seria submetido à outra, que enviaria o projeto ao presidente da República para, concordando, sancionar e promulgar (art. 66); mas, se o presidente o entendesse inconstitucional ou contrário aos interesses nacionais, poderia vetá-lo.

O Parlamento poderia autorizar o presidente a expedir decretos-lei, ditando as condições e os limites pelo ato de autorização (art. 12). Por sua parte o presidente, conforme dispunha o art. 13, nos recessos do Parlamento (uma vez que se previu que o Parlamento Nacional funcionaria tão-somente quatro meses no ano) poderia, por necessidade do Estado, expedir decretos-lei sobre as matérias de competência legislativa da União, que não eram poucas (ver art. 16), com exceção de: modificação à Constituição; legislação eleitoral; orçamento; impostos; instituição de monopólios; moeda; empréstimos públicos; e alienação de bens imóveis da União.

Ao definir a competência privativa do presidente da República, o art. 74 informava na alínea "d" que aquele poderia celebrar convenções e tratados internacionais, *ad referendum* do Poder Legislativo ou, de maneira inversa, cabia ao Legislativo referendar esses acordos e tratados celebrados pelo presidente; mas o mesmo artigo destaca, na alínea "n", que no interesse do país (juízo discricionário) o presidente poderia determinar sua execução provisória, antes de aprovados pelo Parlamento.

A alínea "g" do mesmo artigo estabelecia que competia ao presidente declarar a guerra, depois de autorizado pelo Poder Legislativo, mas, no mesmo trecho, dispunha que poderia prescindir de autorização em caso de invasão ou agressão estrangeira. Todavia, o art. 166, referindo-se a situações de ameaça externa ou eminência de perturbações internas, disciplinava o estado de emergência e o estado de guerra, determinando em seu parágrafo único que para nenhum desses atos (declaração de estado de guerra ou de emergência) seria necessária autorização do Parlamento Nacional, que nem poderia suspendê-los. Ao Legislativo restava um consolo: de acordo com o art. 74 e o disposto nas alíneas "h" e "i", cabia-lhe a honra de referendar a paz a ser firmada pelo presidente e de autorizá-lo a permitir a passagem de forças estrangeiras pelo território nacional.

A Constituição poderia ser emendada, modificada ou reformulada, por iniciativa do presidente da República ou da Câmara dos Deputados, art. 174; quando a iniciativa fosse do presidente, seria votada em bloco, por maioria ordinária de votos da Câmara dos Deputados e do Conselho Federal (art. 174, § 1º). Se o projeto fosse de iniciativa da Câmara dos Deputados, para ser aprovado teria de obter a maioria dos votos dos membros de uma e de outra Câmara (art. 174, § 2º). Neste último caso, após ter sido aprovado, o projeto seria enviado ao presidente da República, que poderia devolvê-lo no prazo de trinta dias para que tramitasse novamente por ambas as Câmaras, ato permitido apenas no curso da legislatura seguinte (art. 174, § 3º). Todavia, se a nova legislatura insistisse e aprovasse o projeto de iniciativa da Câmara dos Deputados, o presidente da República poderia, dentro de trinta dias, submeter o projeto a plebiscito nacional, noventa dias depois de publicada a resolução presidencial e, somente se este fosse favorável, o projeto transformar-se-ia em lei (art. 174, § 4º). Por outro lado, se a Câmara rejeitasse o projeto de emenda, modificação ou reforma da Constituição de iniciativa presidencial, tal projeto poderia ser submetido a plebiscito que, lhe sendo favorável, convertê-lo-ia automaticamente em lei (art. 174, § 4º).

Por fim, é conveniente lembrar que, pelo art. 178, a Câmara dos Deputados e o Senado haviam sido dissolvidos; que as eleições para o novo Parlamento Nacional seriam marcadas pelo presidente da

República, depois de realizado o plebiscito a que seria submetida à Constituição, o que na prática nunca chegou a ser realizado.

O Legislativo estipulado pela e na Constituição de 10 de novembro não passava de um mero espectro no emaranhado institucional; seu sopro de vida lhe seria fornecido nas ocasiões, na intensidade e segundo os objetivos determinados por suspiros do Executivo, a fim de estremecer um esqueleto nu, desprovido de músculos e nervos.

As justificativas de Francisco Campos

Na visão de Francisco Campos, o Poder Legislativo era um poder viciado, um órgão inadequado à função a ele conferida. Quando a máquina parlamentar trabalhava segundo as regras de sua construção, com interesse sustentado graças ao poder da emoção ou da sensação, produzia um resultado que não correspondia ao esforço e ao tempo empregado. Portanto, tudo levava a crer que o Poder Legislativo, anterior à Carta de 1937, era um sistema condenado à inoperância, concebido para acomodar, nos seus "desvãos, uma clientela política cujos interesses gravitavam em sentido contrário ao dos interesses nacionais". Os interesses privados e de grupos se impunham aos interesses da nação nas Câmaras Legislativas; acentuava-se o divórcio entre Nação e Parlamento. Seguindo o exemplo das sessões ordinárias, a ineficiência reinava nas convocações extraordinárias, constantemente solicitadas com vistas aos "mais fúteis e insinceros pretextos, logo esquecidos no dia imediato ao da sua corajosa invocação" (Campos, 1937, p.43-4).

Assim, diante do progresso das técnicas de expressão e comunicação do pensamento, o Parlamento perdeu importância como fórum de opinião pública: possuíam-se, naquele momento, meios mais eficazes e rápidos de averiguar tal opinião. Em contrapartida, as funções do governo haviam transformado a legislação em uma imensa técnica de controle da vida nacional em todas as suas manifestações. Funcionando como campo da pluralidade e centro de divergência, caldeira dos interesses políticos privados, a legislação direta feita pelo Parlamento tornara-se impraticável. Segundo Campos, a

> fútil liberdade concedida a qualquer membro do Parlamento para tomar o tempo e a atenção dos seus pares com iniciativas de caráter puramente individual. A vontade de não se mostrar inativo, ou antes, de manifestar aos eleitores o seu interesse pelo mandato, levava quase todos os membros do Parlamento a tomar iniciativas de legislação, que não contavam com nenhuma probabilidade de se transformarem em leis, sobrecarregando, apenas, inutilmente, o trabalho das comissões e as ordens do dia do plenário. (Campos, 1937, p.51-3)

Para superar esta situação, a Constituição de 10 de novembro forneceu o remédio:

> A iniciativa da legislação cabe, em princípio, ao governo. A nenhum membro do Parlamento é lícito tomar iniciativa individual de legislação. A delegação de poderes não só foi permitida, como se tornou a regra, pois a Constituição prescreve que os projetos de iniciativa do Parlamento devem cingir a regular matéria de modo geral, ou nos seus princípios, deixando ao governo a tarefa de desenvolver esses princípios, e regular os detalhes. (Campos, 1937, p.51-3)

Segundo Campos, seria simples e direto:

> O Parlamento vota a lei na qual se definem a substância e os princípios gerais que devem vigorar na matéria. Dentro da órbita assim traçada, o Executivo exerce a sua função, aplicando na regulamentação os princípios gerais adotados na lei. Desse modo, o Parlamento desempenhará o papel que lhe cabe, estipulando as bases fundamentais da medida a que o Executivo dará forma prática na regulamentação. (Campos, 1938, p.88)

Tal processo de legislar, a seus olhos, traria apenas vantagens para os interesses nacionais, os quais são aqueles que a lei tem em vista e deve acautelar.

Em relação à primazia do Executivo na área legislativa, Campos destacou que a iniciativa da legislação no Executivo era naquela época uma coisa comum em todo o mundo: "Não é este um caso de usurpação de poderes, nem essa situação existe em virtude de atos de violência. O Estado marcha para a legislação do Executivo como o sol para a constelação de Hércules". Assim sendo, a Constituição foi tão-somente um documento realista, colocando cada coisa no seu devido lugar: "É, evidentemente, um documento incômodo para os românticos e os ideólogos, que nunca ficaram satisfeitos quando advertidos de que uma condição essencial da vida é nunca perder contado com a terra" (Campos, 1937, p.101-2).

Eventuais óbices à delegação do Poder Legislativo eram tidos como de ordem puramente teórica ou ideológica, alicerçados no princípio da divisão dos poderes, considerada, por alguns, tão fundamental em ciência política como o postulado de Euclides em geometria. O jurista declarava que, se os ideólogos da divisão de poderes gritavam por uma mecânica racional do governo, deduzida de dois ou três postulados fundamentais, o que concretamente faziam era operacionalizar uma racionalização no vazio, à custa da substância concreta e histórica. Segundo ele, o que existe é o governo, atividade concreta e real, e não "categoria da existência puramente lógica dos entes de razão ou das nebulosas *verbae* que os filósofos costumam propor como substitutos às verificações mais ou menos amargas da experiência efetiva". A distribuição de poderes não era lei eterna, natural e imutável; é da ordem das opções, presa a influências da ordem contingente e histórica. O Parlamento legisla na medida da força e da competência que se lhe atribui, segundo uma divisão de poderes concreta, empírica e não do absoluto ou do racional. Portanto,

a mecânica política não é a mecânica de Newton. A massa de poderes gravita para órgãos do governo segundo razões de conveniência, de utilidade e de adequação, que não podem cifrar-se em fórmulas algébricas. Cada época tem a sua divisão de poderes, e a lei do poder é, em política, a da capacidade para exercê-lo. (Campos, 1937, p.93-4)

A CONSTITUIÇÃO BRASILEIRA DE 10 DE NOVEMBRO DE 1937

Em relação à limitação do número de deputados por Estado, esclareceu que tal medida atendia à preocupação em evitar-se um Parlamento numeroso, pois a experiência havia demonstrado que quanto mais numeroso menos útil e fecundo é um Parlamento. Rebatendo eventuais críticas quanto ao número, mínimo de três e máximo de dez deputados por Estado, que poderia conduzir ao fato de que estariam em igualdade de representação do Estado cuja população é muito desigual, Campos afirmou:

> A Câmara não é a representação dos Estados, mas a representação do país. A eleição por Estados é apenas um processo de técnica eleitoral. A câmara representa de forma indivisível a Nação. Para conciliar a necessidade de organizar-se uma assembléia reduzida com a de assegurar aos Estados menos populosos uma participação adequada na formação da representação nacional, foram fixados os limites mencionados. (Campos, 1937, p.95-6)

Em relação à imunidade dos parlamentares, a resposta, segundo ele, era simples:

> a imunidade do deputado é instituída em benefício da nação. A imunidade não lhe dá direito de trair o seu país, nem lhe confere a liberdade de violar a lei penal. Um povo que facultasse aos seus representantes cometer impunemente atos de traição à pátria, ou que lhes reconhecesse o direito da livre prática do crime, seria um povo destituído de consciência moral. (Campos, 1937, p.101-2)

Do mesmo modo, quanto à disposição que recusa ao Parlamento a faculdade de suspender o estado de emergência ou estado de guerra decretado pelo presidente da República, esta disposição é tãosomente,

> conseqüência natural do princípio e do fato de que ao presidente da República cabe a responsabilidade pela ordem pública. Como responder pela ordem, se não lhe coubesse o poder de usar dos meios para assegurá-la? Seria legítimo conferir ao Parlamento o poder, se não lhe

cabe a responsabilidade? Dou a palavra aos homens que ainda não perderam o senso comum. (Campos, 1937, p.101-2)

Amarras para o Judiciário

Tratando o Poder Judiciário, a Constituição de 1937 estabeleceu como seus órgãos o Supremo Tribunal Federal (STF) e os juízes dos Estados, do Distrito Federal e dos territórios e os juízes e os tribunais militares (art. 90). Estabeleceu determinações relativas à organização e competência do Supremo Tribunal Federal e Justiça dos Estados, do Distrito Federal e dos Territórios, e trouxe como novidade a criação do Tribunal de Contas e da Justiça do Trabalho.[3] O primeiro seria o responsável pelo acompanhamento da execução orçamentária, julgaria as contas dos responsáveis por dinheiro ou bens públicos e da legalidade dos contratos celebrados pela União. Os membros desse Tribunal seriam nomeados pelo presidente da República, com aprovação do Conselho Federal, sendo que a organização daquele seria regulada em lei especial (art. 114, caput e parágrafo único). Já a Justiça do Trabalho, prevista pelo art. 139, destinar-se-ia a dirimir os conflitos oriundos das relações entre empregadores e empregados.

Do ponto de vista do equilíbrio precário, ou do desequilíbrio evidente entre os poderes, o cerceamento do Judiciário foi atrelado de maneira sutil e eficaz. Primeiro, foi vedado ao Poder Judiciário tratar de questões exclusivamente políticas, segundo disposto no art. 94. Fica a dúvida: como seria definir o que era exclusivamente político, essencialmente em possíveis contendas entre particulares e o poder público, em aspectos como direitos e garantias pretensamente constitucionais?

Mas as amarras não terminam aí: eram fortalecidas por fechos potentes. Somente por maioria absoluta de votos da totalidade dos

---

3 Para mais informações sobre a organização da Justiça do trabalho recomenda-se ROMITA, A; GOMES, A.; PANDOLFI, D., 1999

seus juízes, os tribunais poderiam declarar a inconstitucionalidade da lei ou de atos do presidente da República (art. 96, caput). Todavia, caso o presidente da República entendesse que a lei ou ato declarado inconstitucional era necessário ao bem-estar do povo, à promoção ou defesa de interesse nacional, poderia submetê-lo ao exame do Parlamento Nacional, e, se este confirmasse a lei ou o ato por dois terços de votos em cada uma das Câmaras, ficaria sem efeito a decisão do tribunal (art. 96, parágrafo único).

Ainda sobre o Judiciário, pelo disposto no art. 170, durante o estado de emergência ou o estado de guerra, os atos praticados em virtude deles não poderiam ser conhecidos pelos juízes e tribunais. Relembrando, a própria Constituição, pelo art. 186, havia declarado em todo o país o estado de emergência. Desse modo, combinando-se o entendimento dos seus arts. 170 e 186 e as medidas autorizadas pelo art. 168 (em caso de estado de emergência), conclui-se que os atos praticados pelo governo (como detenções em edifício ou local não destinado a réus de crime comum, desterro para outros pontos do território nacional ou residência forçada em determinadas localidades do mesmo território, com privação de liberdade de ir e vir; censura de correspondência e de todas as comunicações orais e escritas; suspensão da liberdade de reunião; e busca e apreensão em domicílios) não poderiam ser conhecidos pelos juízes e tribunais.

As alegações do mentor da Constituição

Para Francisco Campos, o Judiciário, como árbitro supremo da constitucionalidade, atravancava o dinamismo da civilização com interpretações formais ou inspiradas em um mundo exaurido. A interpretação judicial baseava-se, muitas vezes, apenas em dogmas, doutrinas, ou atitudes filosóficas sobre a vida econômica, política ou social, sendo sua leitura efetuada pelo prisma de seus malfadados preconceitos filosóficos.

Para o autor não há interpretação objetiva, ela está sempre vinculada à subjetividade do juiz. Assim, não teria "nenhuma razão para aceitar como decisiva ou definitiva, no plano em que se acham em jogo os maiores interesses da nação, uma interpretação que não dá nenhuma garantia objetiva de seu acerto". Assim,

> aos juízes não será, em conseqüência, permitido, a pretexto de interpretação constitucional, decretar como única legítima a sua filosofia social ou a sua concepção de mundo, desde que essa filosofia ou concepção obstrua os desígnios econômicos, políticos ou sociais do governo, em benefício da Nação. (Campos, 1937, p.57-8)

Competia, deste modo, somente ao Parlamento a faculdade de "remover a inconstitucionalidade". Segundo Francisco Campos, um dos principais méritos da Constituição era o de direcionar efetivamente os poderes do governo para fins públicos. Portanto, atribuir a um tribunal a capacidade de declarar o que é constitucional seria, de modo indireto, "atribuir-lhe o poder de formular, nos termos que lhe parecerem mais convenientes ou adequados à própria Constituição", e, por conseguinte, à nação (Campos, 1938, p.103-4 e 106-7).

6
OS DIREITOS E AS GARANTIAS INDIVIDUAIS

Em termos de direitos e garantias individuais, a Constituição de 10 de novembro foi mestra em apresentar restrições. Sob uma aparência tênue, cerceou o agir do cidadão com óbices variados, tudo em nome da nação e da decantada paz social aliada à ordem e ao progresso. Divergindo da doutrina liberal, o Estado nacional ocupava o primeiro plano e, de acordo com suas conveniências, traçou os limites do permitido e do proibido, do lícito e do ilícito, do social e do anti-social.

Com relação à nacionalidade, a referida carta reconhecia como brasileiros os nascidos no Brasil, ainda que de pai estrangeiro, não residindo este a serviço do governo de seu país; os filhos de pai ou de mãe brasileira, nascidos em país estrangeiro, estando os pais a serviço do Brasil, e afora esses casos, se atingida a maioridade, optassem pela nacionalidade brasileira, assim como aqueles que tivessem adquirido nacionalidade brasileira nos termos do art. 69, 4 e 5, da Constituição de 24 de fevereiro de 1891, e os estrangeiros por outro modo naturalizados (art. 115). Também estipulou situações nas quais o cidadão perderia a nacionalidade, em caso de naturalização voluntária ou do aceite, sem licença do presidente da República, de comissão ou emprego remunerado (lembre-se do art.

73, "m".[1]), ou ainda em que a naturalização fosse revogada, mediante processo adequado, pelo fato de o cidadão exercer atividade política ou social nociva ao interesse nacional (art. 116).

Quanto a direitos políticos, foram considerados eleitores todos os brasileiros de ambos os sexos, desde que maiores de 18 anos e que se alistassem segundo a forma da lei, excluindo-se os analfabetos (um alto porcentual da população brasileira); os militares em serviço ativo; os mendigos e aqueles que estivessem privados, temporária ou definitivamente dos direitos políticos (art. 117, caput e parágrafo único). Os direitos políticos seriam suspensos nas hipóteses de: incapacidade civil; condenação penal, enquanto durassem os seus efeitos (art. 118). Todavia, seriam perdidos definitivamente nos casos de recusa, motivada por convicção religiosa, filosófica ou política, de encargos, serviço ou obrigação imposta por lei aos brasileiros, ou quando em virtude de aceitação de título nobiliárquico ou condecoração estrangeira que importasse restrição de direitos assegurados nesta Constituição (lembre-se novamente do art. 73, "m"), ou incompatibilidade com deveres impostos por lei (art. 119).

Nominalmente disposto, no item dos direitos e garantias individuais, a Constituição assegurava formalmente aos brasileiros residentes no país o direito à liberdade, à segurança individual e à propriedade. De maneira semelhante ao rio que possui as margens que delineiam seu curso, tais direitos restavam limitados pelas conveniências do regime: conforme dispunha o próprio art. 122, eram conferidos tais direitos segundo os termos ali enumerados, e seguem-se as alíneas, margens potentes que comprimiam de forma significativa tais direitos.

Todos são iguais perante a lei, estabelecia o primeiro parágrafo do art. 122. Em seqüência vinha: "Todos os brasileiros gozam do direito de livre circulação em todo o território nacional, podendo fixar-se em qualquer de seus pontos, aí adquirir imóveis e exercer li-

---

1 Art. 73. Compete privativamente ao presidente da República:
    m) autorizar brasileiros a aceitar pensão, emprego ou comissão de governo estrangeiro.

A CONSTITUIÇÃO BRASILEIRA DE 10 DE NOVEMBRO DE 1937 165

vremente atividades" (art. 122, 2). Já no ato de instalação da Constituição, este parágrafo era uma mera abstração; basta considerar o disposto no art. 186 que declarava o estado de emergência em todo o território nacional, e era prerrogativa do presidente da República em caso de estado de emergência (situação que naquele momento era estabelecida pelo art. 186) realizar detenção em edifício ou local não destinado a réus de crime comum, desterrro para outros pontos do território nacional ou residência forçada em determinadas localidades do mesmo território, com privação da liberdade de ir e vir (art. 168, "a"). Portanto estava formalmente invalidado o art. 122, § 2º.

É certo que havia algumas garantias louváveis, como a contida no § 3º, segundo o qual "os cargos públicos serão igualmente acessíveis a todos os brasileiros observadas as condições de capacidade prescritas nas leis e regulamentos" (art. 122, 3).

Assegurou-se aos indivíduos a liberdade de culto e de formação de associações religiosas, reservando-se a estas o direito de adquirir bens, observadas as disposições do direito comum, desde que atendessem às exigências da ordem pública e dos bons costumes (art. 122, 4), ao passo que os cemitérios passariam a ter caráter secular e a ser administrados pela autoridade municipal (art. 122, 5).

Pelo § 6, do art. 122 garantia-se a inviolabilidade do domicílio e da correspondência, embora tenha se referido às exceções previstas em lei. Novamente se nota aqui uma abstração, pois a própria Carta de 1937 estabelecia um regime de exceção. Mais uma vez remete-se o leitor para o art. 187 que havia declarado em todo o país o estado de emergência, no qual, de acordo com o art. 168, alíneas "b" e "d", o presidente da República estava autorizado a efetuar censura da correspondência e de todas as comunicações orais e escritas, assim como empreender busca e apreensão em domicílio.

Assegurou-se o direito de representação ou petição perante as autoridades em defesa de direitos ou do interesse geral (art. 122, 7); a liberdade de escolha de profissão ou de gênero de trabalho, indústria ou comércio, observadas a capacidade e as restrições impostas pelo bem público, nos termos da lei (art. 122, 8); a não extradição por governo estrangeiro (art .122, 12); o direito de propriedade, salvo a desapropriação por necessidade ou utilidade pública, mediante indenização prévia (art.122, 14). Também se preservou a liberdade de associação, desde que seus fins não fossem contrários à lei penal e aos bons costumes (art. 122, 9); novamente, tem-se uma garantia ilusória: estava em vigor o estado de emergência (art.187), e era prerrogativa do presidente da República tomar medidas que suspendessem a liberdade de reunião (art. 168, "c"). A liberdade de reunião dependia de seu caráter pacífico, de não envolver armas e de ser realizada a céu aberto. Ficava submetida à formalidade de declaração, podendo ser interditada em caso de perigo imediato para a segurança pública (art. 122, 10).

Salvo em flagrante delito, a prisão, com exceção dos casos previstos em lei, seria efetuada apenas após a pronúncia do indiciado e mediante ordem escrita da autoridade competente. Garantia-se que ninguém seria preso sem culpa formada, senão pela autoridade competente, em virtude de lei e na forma por ela regulada, e a instrução criminal seria contraditória, asseguradas, antes e depois da formação da culpa, as necessárias garantias de defesa (art. 122, 11). Em princípio, a Constituição estabelecia que não haveria penas corpóreas perpétuas e garantia a irretroatividade da lei que estabelecesse ou agravasse penas. No entanto, estabelecia expressamente a previsão de que lei futura poderia prescrever a pena de morte para os seguintes crimes:

a. tentar submeter o território da Nação ou parte dele à soberania de Estado estrangeiro;
b. atentar, com auxílio ou subsídio de Estado estrangeiro ou organismo de caráter internacional, contra a unidade da Nação, procurando desmembrar o território sujeito a sua soberania;
c. tentar, por meio de movimento armado, o desmembramento do território nacional, desde que para reprimi-lo se torne necessário proceder a operações de guerra;
d. tentar, com auxílio ou subsídio de Estado estrangeiro ou organismo de caráter internacional, a mudança da ordem política ou social estabelecida na Constituição;

e. tentar subverter, por meios violentos, a ordem política e social com o fim de apoderar-se do Estado para o estabelecimento da ditadura de uma classe social; e
f. o homicídio cometido por motivo fútil ou com extremos de perversidade (art. 122, 13, "a" a "f").

Em 16 de maio de 1938, utilizando a faculdade de legislar sobre todas as matérias da competência legislativa da União (art. 180), inclusive o direito penal (art. 16, XVI), Getúlio implantou, pela lei constitucional nº 1, a pena de morte, que seria aplicada, além das hipóteses previstas no § 13 do art. 122, à insurreição armada contra os poderes do Estado (assim considerada ainda que as armas se encontrassem em depósito), a prática de atos destinados a provocar a guerra civil (se esta sobreviesse em virtude daqueles), atentados contra a segurança do Estado por meio de devastação, saque, incêndio, depredação ou quaisquer atos destinados a suscitar o terror, assim como nos casos de atentados contra a vida, a incolumidade ou a liberdade do presidente da República.

No que se refere à liberdade de expressão, certificava-se que todo cidadão teria o direito de manifestar seu pensamento oralmente ou por escrito, impresso ou imagens, adstrito aos limites fixados em lei (art. 122, 15). Dessa forma, segundo aquela Constituição, com vistas a garantir a paz, a ordem e a segurança pública, a lei poderia prescrever a censura à imprensa, ao teatro, ao cinematógrafo, à radiodifusão, facultando à autoridade competente proibir a circulação, a difusão ou a representação (art. 122, 15, "a"). Do mesmo modo, poderiam ser estabelecidas em lei medidas para impedir manifestações contrárias à moralidade pública e aos bons costumes, ou ainda para proteger a infância e a juventude (art. 122, 15, "b"), ou mesmo ser tomadas providências para proteger o interesse público, o bem-estar do povo ou a segurança do Estado (art. 122, 15, "b"). Em suma, haveria a expressão do livre pensamento, mas nos assuntos, da maneira, da forma e na intensidade que fosse conveniente ao regime. O livre pensamento estava atrelado à concordância com a concepção das autoridades, pois as noções de segurança pública, moralidade, bons costumes, interesse público não são categorias universais, mas subjetivas.

Previa-se, ainda no art. 174, § 16, o *habeas corpus*, sempre que alguém sofresse ou se achasse na iminência de sofrer violência ou coação ilegal, na sua liberdade de ir e vir, salvo nos casos de punição disciplinar. Lembrando, pelo art. 186 foi decretado em todo o território nacional o estado de emergência, no qual o presidente da República poderia deter em edifício ou local não destinado a réus de crime comum, desterro para outros pontos do território nacional ou residência forçada em determinada localidade do mesmo território, com privação da liberdade de ir e vir (art. 168, "a"), caso de *habeas corpus*. Agora, segundo o art. 170, durante o estado de emergência ou o estado de guerra, dos atos praticados em virtudes deles não poderiam tomar ciência os juizes nem os tribunais. Em suma, o *habeas corpus*, neste caso, só se fosse por petição ao céu.

Por fim, o § 17, do art. 122 previa tribunal de exceção para os casos de crimes que atentassem contra a existência, a segurança e a integridade do Estado, a guarda e o emprego da economia popular. E é bom lembrar que a pena de morte foi devidamente regulada em 16 de maio de 1938 pela Emenda Constitucional nº. 1, conforme se mencionou anteriormente.

Não bastassem as ressalvas, algemas e cerceamentos apontados, por disposição constitucional informava-se aos brasileiros que todas as garantias e os direitos enumerados pelo art. 122 e outros dispersos pela Constituição teriam como limite o bem público, as necessidades de defesa, o bem-estar, a paz e a ordem coletiva, bem como as exigências da segurança da Nação e do Estado em nome dela constituído e organizado nessa Constituição (art. 126). Portanto, caso conviesse ao "bem público", tais direitos poderiam ser modificados pelos agentes na estrutura de poder montada; acima das prerrogativas individuais estaria sempre o interesse da Nação. É interessante recordar que o significado, o teor e a definição de "bem comum" e de "interesse da Nação" estavam intimamente ligados à pessoa do presidente da República.

A CONSTITUIÇÃO BRASILEIRA DE 10 DE NOVEMBRO DE 1937 169

A fragilidade dos direitos e garantias individuais, além do estado de emergência, o que por si já mutilava os direitos expressos naquela Carta, era ameaçada por um dispositivo sutil, o art. 171, o qual dispunha que na vigência do estado de guerra deixaria de vigorar a Constituição nas partes indicadas pelo presidente da República. Quer dizer, nesse caso, ele poderia suspender, entre outras coisas, todos os direitos e garantias individuais. Declarar o estado de guerra nem era tão difícil, pois, de acordo com a Constituição, em caso de ameaça externa ou iminência de perturbação interna, ou existência de concerto, plano ou conspiração tendente a perturbar a paz pública ou colocar em perigo a estrutura das instituições, a segurança do Estado ou dos cidadãos, o presidente da República poderia decretar o estado de guerra, sem a necessária autorização do Parlamento Nacional, e o emprego das Forças Armadas para a defesa do Estado em todo o território ou em parte dele, o qual não poderia ser suspenso pelo Parlamento Nacional (art. 74, "k" e art. 166, caput e parágrafo único).

Cabe destacar que no prazo de sessenta dias, a contar da outorga da Constituição, poderiam ser aposentados, reformados ou afastados funcionários civis ou militares de acordo com a legislação em vigor ou a juízo exclusivo do governo, de acordo com o interesse do serviço público ou por mera conveniência do regime (art. 177).

Se a Constituição era extremamente restritiva em termos de direitos individuais, trazia alguns avanços em termos de direitos sociais, com destaque para as áreas de educação e trabalho.

A educação integral foi elevada à categoria de dever e de direito natural dos pais, sendo também encampada como dever do Estado, o qual colaboraria de maneira principal ou subsidiária para facilitar sua execução ou suprir as deficiências e lacunas da educação particular (art. 125). Desse modo, se faltassem recursos necessários à educação, a União, os Estados e os municípios deveriam assegurar, por meio de instituições públicas de ensino em todos os seus graus, uma educação adequada às faculdades, aptidões e tendências vocacionais do cidadão (art. 129).

O ensino primário foi estabelecido como obrigatório e gratuito, sendo instituída a caixa escolar, contribuição dos mais favorecidos para os mais necessitados (art. 130). A educação física, o ensino cívico e o de trabalhos manuais tornaram-se obrigatórios em todas as escolas primárias, normais e secundárias, sendo sua implantação condição necessária à autorização e reconhecimento de unidades escolares (art. 131).

Na esfera trabalhista firmaram-se como preceitos da legislação do trabalho, entre outros: o direito ao repouso semanal aos domingos e, nos limites das exigências técnicas da empresa, aos feriados civis e religiosos, de acordo com a tradição local; licença anual remunerada, indenização proporcional aos anos de serviço pela cessação de relação de trabalho a que o trabalhador não haja dado motivo; salário mínimo; jornada de trabalho de oito horas; adicional noturno; proibição de trabalho a menores de catorze anos; de trabalho noturno a menores de dezesseis e, em indústrias insalubres, a menores de dezoito anos e a mulheres, e finalmente a instituição de seguros por velhice, invalidez e de vida e para os casos de acidentes de trabalho.

Em termos de direito sindical, a associação profissional ou sindical era livre em sindicatos reconhecidos pelo Estado (art. 138); determinou-se a criação da Justiça do Trabalho, a ser regulada em lei posterior, e à qual não se aplicariam as disposições constitucionais relativas à competência, ao recrutamento e às prerrogativas da justiça comum, com a finalidade de dirimir os conflitos oriundos das relações entre empregadores e empregados. Todavia, proibiram-se a greve e o *lock-out*, considerados recursos anti-sociais, nocivos ao trabalho e ao capital, e incompatíveis com os superiores interesses da produção nacional (art. 139).

Com a palavra, Francisco Campos

Segundo Francisco Campos, o antigo regime exaurido chegara ao fim, ao mesmo tempo em que se estabelecia um denso estado de consciência coletiva imune às mentiras e mistificações da realidade, fazendo crer que houvesse uma vida pública inspirada no interesse nacional. A despolitização gerava, nos partidos políticos, a ausência de conteúdos programáticos, tornando-os instrumentos de manipulação eleitoral. Os partidos mostraram-se antiquados e inúteis, verdadeiras máquinas de divisão do país integradas a uma lei eleitoral propícia à fragmentação e à proliferação partidária, causando a desconfiança nas instituições. A democracia de partidos subordinava o interesse do Estado às competições do grupo. Portanto, esse sistema obsoleto e desmoralizado jazia inadequado ao quadro político e econômico do mundo, tendo de ser substituído por uma nova organização racional, capaz de fomentar e permitir o desenvolvimento harmonioso das potencialidades nacionais (Campos, 1937, p.38-9). Ou seja, não era conveniente, de acordo com essa óptica, manter os expedientes da democracia partidária e assim foi feito.

O sufrágio universal era um mito. A maioria dos eleitores não se preocupa com a coisa pública, vive centrado em sua vida privada que lhe dá motivos de preocupação e trabalho suficientes e, portanto, vive alheia às questões políticas, de administração e de governo. Por ocasião das campanhas eleitorais, tais cidadãos são colocados diante de problemas complexos e ininteligíveis para uma massa "que não se encontra preparada para a compreensão sequer dos seus termos mais simples". À medida que os problemas se tornam complexos, incapazes de gerar nas massas a emoção, a opinião pública entra em estado de apatia e indiferença, desinteressa-se pelo processo político propriamente dito e só exige do governo resultados que signifiquem melhorias do bem-estar do povo. Por outro lado, as decisões relacionadas aos problemas políticos da época somente poderiam ser tomadas com o devido conhecimento de causa. As deficiências educacionais tornavam a massa politicamente ignorante, ingênua em relação aos problemas essenciais da política e do governo. Nesse contexto, a Constituição de 10 de novembro, ao restringir o sufrágio universal, aceitou uma situação de fato e deu-lhe o remédio adequado. Não foi abandonado definitivamente o sufrágio universal; a ele foi dada uma função conveniente e apropriada; ao sufrágio universal seriam submetidas questões políticas simples, dispostas em termos acessíveis e gerais, capazes de interessar ao povo e para cuja decisão não se exigiria senão uma visão panorâmica da vida política (Campos, 1937, p.47-9).

Desse modo, anteriormente a 1937, pautando-se em falsos pretextos de liberdades, foram estabelecidos poderes irresponsáveis que, servindo-se de chances e circunstâncias favoráveis, estabeleceram o domínio (econômico, via organizações econômicas, e político, via arregimentação partidária) sobre a nação. Criou-se um poder de natureza pública em proveito de interesses privados, onde aos fracos e aos desprotegidos restava apenas a liberdade nominal, nas efetivamente sem nenhum direito. Somente o Estado era capaz de arbitrar e exercer um poder justo, representando a nação em face dos partidos e das organizações privadas: "Postular a liberdade simples é postular a força. É necessário que seja defendida a liberdade, mas conectada à justiça, ou antes, à liberdade como exercício de um poder justo". Citando Lacordaire, Campos conclui: "Em toda a sociedade em que há fortes e fracos, é a liberdade que escraviza e é a lei que liberta" (Campos, 1937, p.60-1).

Quanto à censura à imprensa, o jurista alegou que embora dirigida e funcionando como empresa privada, segundo os interesses do capital, ela trabalha com a opinião pública, que é instrumento político. Desse modo, se a imprensa dispõe de técnicas e instrumentos capazes de formar e influir na opinião pública, não pode ficar à mercê de interesses privados, devendo empregar seu poder em função e de acordo com o interesse público. Portanto, o controle constitucional da imprensa era somente uma decorrência de sua própria natureza e de seu poder, pois sua função pública pressupunha responsabilidade (Campos, 1937 p.67).

Por sua vez, a supressão do princípio da irretroatividade das leis do texto constitucional não significava que houvesse sido adotado princípio contrário. Para o autor, a não-retroatividade era uma regra de interpretação, postura hermenêutica, que deveria estar expressa na lei civil, e pela qual se entendia que o intérprete, ou o juiz, não estava autorizado a aplicar a lei nova às relações jurídicas já consumadas na vigência de lei antiga. Entretanto, tal princípio não poderia representar limites ao Poder Legislativo. Quando as circunstâncias especiais o exigissem, o legislador não poderia ficar privado da faculdade de expedir leis retroativas revendo relações jurídicas acabadas, pois "o Estado, como guarda supremo do interesse coletivo, não deve atar as próprias mãos pelo receio de, em certas contingências, ter que ferir ou contrariar direitos individuais". A não-retroatividade das leis, "postulada como proibição ao Poder Legislativo, foi um exagero do individualismo jurídico e, sobretudo, do individualismo econômico que reclamava rigorosa neutralidade do Estado no domínio do comércio jurídico". Entretanto, diante das novas condições do mundo, o Estado não poderia continuar a ser um mero espectador limitando-se a assistir as lutas de competição individual. A indiferença estatal imposta pelo liberalismo vinha acarretando a escravidão dos fracos pelos fortes. Na qualidade de membro de uma nação, o indivíduo teria seu interesse apoiado até o momento em que este não colidisse com os interesses de comunhão nacional, defendidos com honra e total independência pelo Estado (Campos, 1938, p.82-3).

Em respeito à necessidade de garantias e segurança nas relações jurídicas, não se adotou, constitucionalmente, a retroatividade, ou em nome do individualismo contemplou-se a irretroatividade, que ficou como regra interpretativa. Assim, excepcionalmente o Estado, visando o bem coletivo, podia rever e modificar relações jurídicas já consumadas. Se a retroatividade fosse proclamada como regra, o direito deixaria de ser um fator de organização social para se tornar elemento de incerteza, confusão e anarquia. Entretanto, não se quis atar as mãos do Legislativo, vedando-lhe editar leis retroativas, que em momentos excepcionais podem fazer-se necessárias. Cabe lembrar que, no campo penal, a Constituição manteve o princípio tradicional de que "as penas estabelecidas ou agravadas na lei nova não se aplicam aos fatos anteriores" (art. 122, 13). Portanto, a Carta de 1937 colocou o "problema da irretroatividade das leis dentro das suas justas fronteiras, rigorosamente de acordo com as conquistas da ciência jurídica e as condições de vida do mundo contemporâneo" (Campos, 1938, p.84).

Ao instituir a obrigatoriedade da educação para as classes menos favorecidas, estabelecendo também a obrigatoriedade da educação física, do ensino cívico e de trabalhos manuais, o Estado assumiu seu dever em matéria educativa, a fim de promover a "disciplina moral e o adestramento da juventude, de maneira a prepará-la ao cumprimento de suas obrigações para com a economia e a defesa da Nação". Nos termos constitucionais, a escola deveria integrar-se no sentido orgânico e construtivo da coletividade, não sendo apenas mero repositório de conceitos e noções, mas abrangendo a formação do cidadão, de acordo com os reais interesses nacionais. O ensino, portanto, seria um instrumento para garantir a continuidade da pátria e dos conceitos cívicos e morais a ela incorporados (Campos, 1937, p.65-6).

Na visão de Campos, a Carta de 1937 era democrática, lembrando-se que a expressão "democracia" não tem um conteúdo definitivo vem conota valores eternos, variando de acordo com o tipo de civilização e de cultura. No final do século XVIII e durante o XIX, a democracia reinante era pautada por uma atitude de revolta contra a ordem estabelecida, detentora de valores polêmicos. As cartas políticas elaboradas sob sua influência reduziam-se a organizar a luta dos cidadãos contra o poder. O grande inimigo era o poder, ou o governo, cuja ação se buscava limitar, elegendo-se como a parte primordial das Constituições a declaração dos direitos e garantias individuais, diante do Estado.

Todavia, houve transformações. O conceito negativo de democracia (não-intromissão estatal na esfera individual) mostrava-se inadequado e, naquele momento, o desafio constitucional não era mais "o de definir negativamente a esfera da liberdade individual, mas de organizar o poder a serviço dos novos ideais da vida". Não cabia mais à Constituição definir de forma puramente negativa os direitos do indivíduo, mas sim estipular "direitos positivos por força dos quais se lhes tornassem acessíveis os bens de uma civilização essencialmente técnica e de uma cultura cada vez mais extensa e voltada para o problema da melhoria material e moral do homem". Ou seja, não competia à Constituição prender ou obstar o poder estatal, mas sim criar nova prestação de deveres em relação aos indivíduos, que seriam contemplados com novos direitos (Campos, 1937, p.53-5).

A CONSTITUIÇÃO BRASILEIRA DE 10 DE NOVEMBRO DE 1937

Imersa e imbuída de um espírito democrático inovador, a Constituição de 10 de novembro contemplava direitos, serviços e bens assegurados, garantidos e promovidos pelo Estado:

o direito à atividade criadora; o direito ao trabalho; o direito a um padrão razoável de vida; o direito à segurança contra os azares e infortúnios da vida – o desemprego, o acidente, a doença, a velhice; o direito a condições de vida sã, imputando ao Estado o dever de administrar a higiene pública, e, sobretudo, o direito à educação, sem cujo exercício não é possível tornar acessível a todos o gozo dos bens da civilização e da cultura.

O princípio da liberdade irrestrita havia gerado tão-somente

o fortalecimento cada vez maior dos mais fortes e o enfraquecimento cada vez maior dos fracos. O princípio de liberdade não garantiu a ninguém o direito ao trabalho, à educação, à segurança. Somente o Estado forte poderia exercer a arbitragem justa, assegurando a todos o gozo da herança comum da civilização e da cultura. (Campos, 1937, p.55-6)

7
SEGURANÇA E DEFESA:
O CAMPO CONSTITUCIONAL DAS FORÇAS ARMADAS E DA SEGURANÇA NACIONAL

As Forças Armadas

Pela Constituição de 10 de novembro de 1937, as Forças Armadas assumiram a condição de instituições nacionais permanentes, erigidas sobre uma base organizacional de disciplina hierárquica e da fiel obediência à autoridade do presidente da República (art. 161). A lei que viesse a organizar o estatuto dos militares de terra e mar deveria ater-se aos seguintes princípios (art. 160, caput, alíneas "a", "b" e "c"):

I - seria transferido para a reserva todo militar que, em serviço ativo das Forças Armadas, aceitasse investidura eletiva ou qualquer cargo público permanente, estranho à sua carreira;

II - as patentes e os postos seriam garantidos em toda a plenitude aos oficiais da ativa, da reserva e aos reformados do Exército e da Marinha; e

III - os títulos, postos e uniformes das Forças Armadas eram privativos dos militares de carreira, em atividade, da reserva ou reformados.

Assegurou-se que o oficial das Forças Armadas, com exceção da previsão do art. 172, § 2º (que previa processo e justiça especial para julgar o oficial da Forças Armadas da ativa, da reserva ou reformado que perderia sua patente caso viesse a participar de crime contra a segurança do Estado ou estrutura das instituições ou influísse em sua preparação intelectual ou material), só perderia seu posto e patente por condenação, passada em julgado, a pena restritiva da liberdade por tempo superior a dois anos, ou quando, por tribunal militar competente, fosse, nos casos definidos em lei, declarado indigno do oficialato ou com ele incompatível (art. 160, parágrafo único).

Estabeleceu-se foro especial para os militares, prevendo-se a possibilidade de se aplicar a Justiça Militar a civis, em casos definidos em lei para os crimes contra a segurança externa do país ou contra as instituições militares (art. 111). Em termos de organização, determinou-se que a Justiça Militar seria composta pelo Supremo Tribunal Militar e os demais tribunais e juízes criados em lei (art. 112), ao passo que a vedação da remoção assegurada aos juízes militares não os eximiria da obrigação de acompanhar as forças junto às quais houvessem de servir (art. 113, caput), cabendo ao Supremo Tribunal Militar determinar a transferência dos juízes militares, quando o interesse público o exigisse (art. 114, parágrafo único).

A Segurança Nacional

Com relação à Segurança Nacional resolveu-se que todas as questões relativas a esse tema seriam estudadas por um Conselho de Segurança Nacional, a ser formado pelos ministros de Estado, pelo chefe do Estado-Maior do Exército e da Marinha e presidido pelo presidente da República, e pelos órgãos especiais criados para atender à emergência da mobilização (art. 162).

Cabia ao presidente da República exercer a chefia suprema das Forças Armadas da União, administrando-as por intermédio dos órgãos do alto-comando (art. 74, "e"), assim como lhe foi atribuída a direção geral da guerra, sendo as operações militares da competência e da responsabilidade dos comandantes-chefes de sua livre escolha (art. 163).

A CONSTITUIÇÃO BRASILEIRA DE 10 DE NOVEMBRO DE 1937

Previu-se que, dentro de uma faixa de 150 quilômetros ao longo das fronteiras, nenhuma concessão de terras ou de vias de comunicação poderia efetivar-se sem audiência do Conselho Superior de Segurança Nacional, sendo que se providenciaria, por meio de lei específica, que nas indústrias situadas no interior da referida faixa predominassem capitais e trabalhadores de origem nacional (art. 165, caput). Mesmo assim, eventuais indústrias que interessassem à Segurança Nacional só poderiam estabelecer-se em tal faixa após ser ouvido o Conselho de Segurança Nacional, que organizaria a relação destas, podendo a todo tempo revê-la e modificá-la (art. 165, parágrafo único).

Estabeleceu-se para todos os brasileiros a obrigação de prestar o serviço militar, assim como outros encargos que eventualmente fossem necessários à defesa da pátria, nos termos e sob as penas da lei (art. 165), vedando-se a qualquer cidadão nacional o exercício de função pública caso ficasse provado não haver cumprido as obrigações e os encargos que lhe incumbem com a segurança nacional (art. 165, parágrafo único).

A defesa do Estado

Instituíram-se relativamente à defesa do Estado dois remédios constitucionais: o estado de emergência e o estado de guerra.

Nos casos de ameaça externa ou na eminência de perturbações internas, ou existência de concerto, plano ou conspiração tendentes a perturbar a paz pública ou pôr em perigo a estrutura das instituições, a segurança do Estado ou dos cidadãos, o presidente da República poderia declarar o *estado de emergência* em todo o território do país, ou na porção do território particularmente ameaçada. No entanto, desde que fosse necessário empregar as Forças Armadas para a defesa do Estado, o presidente poderia decretar o *estado de guerra* em todo o território nacional ou em parte dele (art. 166). Para instituir o estado de emergência ou o estado de guerra, o chefe do Executivo não necessitaria de autorização do Parlamento Nacional, o qual não teria poder para suspendê-lo (art. 166, parágrafo único).

Determinou-se que os atos praticados durante o estado de emergência ou estado de guerra não ficariam sob a alçada dos juízes e tribunais (art. 170). Os crimes contra as estruturas das instituições, a segurança do Estado e dos cidadãos cometidos no transcurso de suas vigências seriam submetidos a tribunais militares (art. 173).

Encerrados os motivos da declaração de estado de emergência ou do estado de guerra, o presidente da República deveria comunicar à Câmara dos Deputados as medidas tomadas durante a vigência daquele (art. 167). Neste caso, se a Câmara dos Deputados não aprovasse as medidas por ele adotadas, promoveria a sua responsabilização, mas restar-lhe-ia o direito de apelar da deliberação da Câmara para o pronunciamento do país, mediante a dissolução desta e a realização de novas eleições (art. 167, parágrafo único).

Com relação às similaridades e as especificidades do estado de emergência e do estado de guerra, notam-se as seguintes semelhanças:

I - a decretação, de um ou de outro, era da competência privativa do presidente da República (art. 74, "k");

II - as hipóteses cabíveis, quer de um, quer do outro, eram idênticas, a saber: existência de ameaça externa ou iminência de perturbação interna, ou de concerto, plano ou conspiração tendente a perturbar a paz pública ou pôr em perigo a estruturas das instituições, a segurança do Estado ou dos cidadãos (art. 166);

III - em ambas as situações, não era necessária autorização do Parlamento Nacional e este não poderia suspender nenhuma das medidas (art. 166, parágrafo único);

IV - dos atos praticados em virtude do estado de emergência ou do estado de guerra não poderiam tratar os juízes e tribunais (art. 170); e

V - encerrados os motivos da declaração de qualquer dos dois estados, o presidente da República deveria comunicar à Câmara dos Deputados as medidas tomadas durante o período de vigência de um ou de outro (art. 167).

E quanto às diferenças:

De acordo com o art. 166, exigia-se que para a decretação do estado de guerra deveria haver a necessidade do emprego das Forças Armadas para a defesa do Estado; entretanto, tal limitação era inócua, pois as hipóteses de incidência, do estado de emergência e do estado de guerra eram as mesmas, o que remete a distinção às hipóteses, maneiras e situações pelas e nas quais poderia haver a decretação da mobilização das Forças Armadas. Neste caso se recai no art. 74, "k", referente à mobilização das Forças Armadas, ali fixada como competência privativa do chefe do Executivo Federal.

O fato era que presente uma ou várias das hipóteses previstas no art. 166 [ameaça externa, iminência de perturbações internas, existência de concerto, plano ou conspiração tendentes a perturbar a paz pública ou pôr em perigo a estrutura das instituições, a segurança do Estado ou dos cidadãos], conjugada(s) a competência privativa do Presidente da República, expressa no art. 74, "k" e "f" [atribuíam ao presidente da República a capacidade privativa de decretar o estado de emergência ou de guerra, assim como a faculdade de decretar a mobilização das Forças Armadas] e considerando o parágrafo único do art. 116 [determinava que para a decretação, seja do estado de emergência ou do estado de guerra, não era necessária a autorização do Parlamento Nacional], entende-se que a conveniência de se adotar o estado de emergência ou de guerra era uma questão exclusivamente presidencial; era decisão pessoal do presidente da República, sendo na prática exclusivamente sua a capacidade de opção entre as duas medidas. A restrição do estado de guerra aos casos em que houvesse a necessidade da utilização das Forças Armadas para a defesa do Estado era letra morta, pois nas circunstâncias, oportunidades e com finalidades determinadas por seu exclusivo juízo discricionário, inclusive em todas as hipóteses previstas pelo art. 166, ele poderia decretar a mobilização e, portanto, a utilização das Forças Armadas, o que o "habilitaria" a estabelecer o estado de guerra.

A diferença substancial entre estado de emergência e estado de guerra estava na extensão das medidas a serem adotadas em uma ou em outra situação. Segundo o disposto no art. 168, na vigência do estado de emergência as medidas autorizadas estavam limitadas a detenção em edifício ou em local não destinado a réus de crimes comuns; desterro para outros pontos do território nacional ou residência forçada em determinadas localidades do mesmo território, com privação da liberdade de ir e vir; censura da correspondência e de todas as comunicações orais e escritas; suspensão da liberdade de reunião e busca e apreensão em domicílio.

Estabeleceu-se também, na hipótese do estado de emergência, que o presidente da República poderia pedir à Câmara ou ao Conselho Federal a suspensão da imunidade de qualquer dos seus membros envolvido em concerto, plano ou conspiração contra a estrutura das instituições, a segurança do Estado ou dos cidadãos (art. 169). Caso a Câmara ou o Conselho Federal não resolvesse em doze horas ou recusasse a licença, o presidente poderia deter os membros implicados sob sua responsabilidade independentemente da comunicação a qualquer das Câmaras, se a detenção fosse de manifesta urgência (art. 169, § 1º).

Se os poderes conferidos a Getúlio durante a vigência do estado de emergência eram extremamente estendidos, no caso de estado de guerra simplesmente deixaria de vigorar a Constituição nas partes que fossem indicadas por ele (art. 171). Em tais circunstâncias, os crimes cometidos contra a segurança do Estado e a estrutura das instituições estariam sujeitos à Justiça e a processos especiais prescritos em lei posterior, a qual poderia determinar a aplicação das penas da legislação militar e jurisdição dos tribunais militares nas zonas de operações durante grave comoção intestina (art. 172 § 1º). Os oficiais da ativa, da reserva ou reformados, ou funcionários públicos que houvessem participado de crime contra a segurança do Estado ou a estrutura das instituições ou influído em sua preparação intelectual ou material, perderiam sua patente, posto ou cargo, se condenados a qualquer pena por decisão da Justiça (art. 172, § 2º).

Por fim cabe ressaltar que ao ser outorgada a Constituição a 10 de novembro de 1937 foi declarado em todo o país o estado de emergência (art. 186).

Vargas e as Forças Armadas

De acordo com Vargas, as Forças Armadas eram e continuavam a ser a "única força nacional organizada" e que, graças a suas reservas de civismo e em sua resistência patriótica, entendeu que "para salvar a Pátria, era preciso o apelo ao recurso extremo da reação contra um estado de coisas que nos ia conduzindo, vertiginosamente, à perda da nossa existência nacional, da nossa independência e da nossa soberania". Assim, Vargas reconhecia que o Estado Novo fora instituído pelas Forças Armadas e era responsabilidade delas mantê-lo.

O Governo instituído por um movimento que encontrou a maior ressonância na opinião pública do país e na adesão de suas classes populares sente-se cada vez mais apoiado nas forças Armadas, reivindicando, como seu mais alto objetivo, o de aparelhá-las para que possam exercer a sua grande missão cívica e moral. Ainda agora, as dificuldades surgidas pela influência de fatores sub-reptícios originados de fora do país – dificuldades que não nos enchem mais de temores – demonstram, à evidência, até onde o regime vigente desorganizou e desarticulou os seus planos de ambição e de conquista.

Não podemos recuar e não devemos recear. A nossa divisa de luta será avançar sempre, tendo como finalidade subordinar todos os interesses à lei suprema do interesse geral, imposta pelo poder público e assegurada pelo Estado. Estamos atravessando uma fase dura, de renúncia e de privações. É mister vencê-la com ânimo patriótico. (Vargas, 1938, p.114-5)

CONSIDERAÇÕES FINAIS

A política é um agir contínuo, uma atividade imersa e presa à realidade na qual e sob a qual ela é exercida. Desta feita, a política varguista, nos anos aqui considerados, esteve indissociavelmente ligada ao contexto nacional, ou seja, vinculou-se às condições sociais, políticas e econômicas brasileiras presentes àquela época. Deste modo, as ações e o ritmo da centralização política empreendida por Getúlio tiveram, necessariamente, de respeitar os momentos e as particularidades do período.

A chegada de Vargas ao poder marcou o rompimento dos ditames políticos e sociais presentes no Brasil até então; significou a ruptura e a superação definitiva da estrutura social e política oligárquica cafeeira, graças a uma ação política centralizadora. Todavia, para obter o consenso e o poder político que permitiram a centralização personalíssima, em 1937, Vargas teve de se arriscar em um complicado jogo político, no qual fez concessões, ainda que circunstanciais.

Veja-se, por exemplo, a reconstitucionalização operada em 1934 – é bom lembrar que, do ponto de vista do processo centralizador, a Constituição de 1934 foi um atraso que obrigou um governo discricionário pleno a adaptar-se a linhas estreitas de atuação. Caminhando no campo minado da rivalidade entre interesses poderosos, Vargas, ao levar adiante seu empreendimento político, teve de dar atenção especial à neutralização das velhas oligarquias e ao desmonte de seus aparatos de poder, assim como à construção de novos atores sociais e políticos, em especial às Forças Armadas e às camadas médias urbanas.

Para conseguir seu intento, Getúlio necessitou de astúcia e habilidade para aplainar seu caminho, conforme se pode visualizar no caso da bipolarização ANL e AIB, na utilização da ameaça comunista e das sucessivas medidas de exceção, politicamente negociadas e determinadas. De modo gradual, ele neutralizou os resquícios do poder oligárquico, assim como as amarras colocadas pela Carta de 1934. Tudo isso para que, em 1937, as condições fossem favoráveis e a situação social e política estivesse adequada à sua ação, um meio favorável à implantação e ao desenvolvimento de seu rebento.

Getúlio pôs em prática e foi o protagonista de uma ação política, presente em um jogo em que, se houve embates, avanços e retrocessos, houve, não resta dúvida, um projeto que foi vitorioso em 1937. Naquele momento, ele tinha o campo político aberto para a implantação de um novo modelo político, econômico e social: as oposições oligárquicas haviam sido suprimidas e os militares haviam sido galgados à condição de novos atores políticos. Alinhavam-se junto ao governo, trazendo consigo todo o poder de persuasão e convencimento pelas armas, ao mesmo tempo em que, em nome da ordem e da estabilidade social, o endurecimento do regime e a repressão encontravam respaldo junto à população. Em suma, condensavam poder político e legitimidade para implantar o projeto de um "Novo Estado".

Sabe-se que a consolidação política de um novo modelo de Estado perpassa, quase sempre, pela redefinição de novos parâmetros da relação deste com a sociedade, da distribuição de seus órgãos, competências e funções, ou seja, implica determinações e conjecturas acerca das prerrogativas, do sentido, do alcance e do papel do Estado perante a sociedade, o que usualmente leva a uma redefinição jurídica deste. Haja vista que o Estado é a ordenação organizacional de uma comunidade política, criado e constituído por meio da elaboração de um status político (decisão política), que dá existência e forma a um agrupamento humano. Estruturação funcional que, modernamente, está diretamente relacionada à consolidação de um complexo de normas destinadas a permitir, garantir e preservar a existência de um grupo social organizado, ou seja, a existência de um corpo jurídico, criado, imposto e assegurado na realidade social por meio dessa estrutura de poder.

Assim, a ação política presente no cenário político nacional, em 1937, trouxe para o contexto brasileiro profundas e significativas alterações no campo do Estado e, por conseguinte, no domínio do Direito, em especial no campo constitucional.

As amarras da Carta de 1934, que atribuíram linhas estreitas e firmes à atuação do Executivo, postas ao arbítrio pleno presente no Decreto número 19.398, de 11 de novembro de 1930 – com o qual o governo provisório atribuiu-se o exercício discricionário, em toda a plenitude das funções, do Poder Executivo e Legislativo, até que uma Assembléia Constituinte reorganizasse constitucionalmente o país – foram ineficazes. Na continuidade do jogo político, três anos foram suficientes para que o Executivo fosse mais uma vez colocado como o centro discricionário pleno das decisões, respaldado em um novo diploma legal.

A Carta de 1937 – e lembremos que a Constituição é um estatuto organizativo das estruturas do Estado (poderes, órgãos e competências) e da sociedade civil (formas de representação, direitos e garantias, deveres etc.), emergente e imersa no contexto histórico político do qual surge e no qual deve atuar – como estatuto organizativo das estruturas do *Estado Novo* deixou claras e evidentes as escolhas do centralismo político (adensado na figura do presidente da República) e do intervencionismo estatal, assim como a opção pela primazia do interesse nacional sobre os interesses individuais.

Fruto do seu tempo, filha de sua época, a Constituição brasileira de 1937 traz em si as marcas do contexto político e histórico em que teve lugar; prenhe de ideais, idéias e projetos políticos vigentes no período, ostentando as insígnias, não somente de seu criador, Francisco Campos, mas de todo um pensar e de um traçado político que se desejava implantar. Revelava e difundia a mensagem e as expectativas de um tempo que se queria novo, acompanhada do toque afinado dos acordes políticos que davam o tom àquele momento.

Francisco Campos, entendendo que a teologia democrática liberal se esgotara e que a lógica eleitoral formalística democrático-liberal se esvaziara, punha em prática suas idéias de estruturação de um Estado, concebendo e formalizando novas fórmulas de organização e encaminhamento político, arquitetando um novo arranjo institucional a ser operacionalizado por um homem providencial: Getúlio, mensageiro e gestor dos novos ares.

A Vargas e a seu imperioso projeto político nacional de reconstrução do Estado brasileiro, Francisco Campos ofereceu um estatuto do poder, prático, simples e direto, com o objetivo de tornar o governo um fato. Apresentou uma obra pautada no desafio de fundar instituições, entendidas como adequadas às vocações do país e assegurar aos brasileiros os direitos próprios à dignidade humana, com a dita vantagem de fornecer à nação as garantias essenciais à preservação da sua unidade, da sua segurança e da sua paz, visando garantir o bem-estar, a segurança e o desenvolvimento pleno da nação brasileira.

A Constituição de 10 de novembro de 1937 fundou um regime personalíssimo centrado no presidente da República, investido de uma força decisória praticamente ilimitada e elevado à condição de chefe supremo da nação; em suas mãos concentravam-se poderes tão extensos quanto extraordinários, os quais englobavam efetivamente todas as esferas da vida política e social brasileira. No novo regime haveria um único centro de vontade, o Executivo Federal; havia poderes e um PODER: o presidente da República, chefe primaz do governo. Ao Legislativo e Judiciário restaram as insignificantes migalhas que escaparam à gana do Executivo federal, postando-se como figuras fantasmagóricas, meramente alusivas, empalidecidas diante do brilho estonteante do Executivo federal, cujo epicentro era a Presidência.

A sociedade civil foi impiedosamente massacrada. A Carta de 1937, em termos de direitos e garantias individuais, foi mestra em apresentar restrições. Sob uma aparência tênue, cerceou o agir do cidadão com óbices variados, tudo em nome da nação e da decantada paz social aliada à ordem e ao progresso, decorrentes da propalada harmonia social. Divergindo da doutrina liberal, o Estado nacional passava a ocupar o primeiro plano, e segundo suas conveniências foram traçados os limites do permitido e do proibido, do lícito e do ilícito. Colocaram-se em primeiro plano, como valores supremos, o bem público, as necessidades de defesa, o bem-estar, a paz e a ordem coletiva e as exigências da segurança da Nação e do Estado. Assim, a partir daquele momento, o que fosse da esfera individual, e não entrasse em conflito com tais valores primordiais, estaria formalmente assegurado. Todavia, em caso de conflito, o indivíduo seria sumariamente sacrificado. O cidadão, como membro de uma nação, teria seu interesse apoiado pelo Estado até o momento em que este não colidissem com os interesses de comunhão nacional, defendidos com honra e total independência pelo Estado, mesmo que isso implicasse a completa aniquilação daquele.

Como filha do processo político, a Constituição de 1937 trouxe as marcas do poder que a instituiu. Foi o resultado de uma vontade política, cujas conformações, extensão e amplitude representaram questões reais de "poder", de "força" e de "autoridade" política relacionada aos indivíduos capazes de criá-la e a garanti-la como lei fundamental da comunidade política. A Carta de 1937 foi o resultado das escolhas e dos atores presentes à sua criação, produto de uma vontade política, o conjunto de normas nela expresso, quer em relação a seu conteúdo, a seu teor e/ou forma, evidenciando o peso, a autoridade e a força política daqueles que a outorgaram e que puderam ostentá-la como pacto fundamental da nova estrutura social, política e econômica, determinada naquela oportunidade.

Posta a realidade pelo respaldo político de Getúlio Vargas e reforçada pelo poder de imposição das armas, ela foi feita imperativa, não por meio de direito, mas pela legitimidade do poder daqueles que desenhavam, por meio dela, uma nova ordem. Foi o resultado concreto da concentração e inflexão de um poder político que subverteu e reformulou o jurídico, recolocando e redesenhando a legalidade.

Ao desenharem o arcabouço estrutural político-institucional, pretensamente permanente, disposto em determinações constitucionais, os construtores do regime de 1937 edificavam uma nova técnica de poder ao discriminarem uma nova estrutura e definirem as funções e a organicidade do Estado brasileiro. Ao comporem uma justificativa ética e moral para o novo regime, acabaram por esclarecer as razões, os motivos e os objetivos a serem alcançados – veja-se, por exemplo, o preâmbulo da Constituição de 10 de novembro de 1937. Se estes seriam aceitos ou não, adequados ou não, é uma outra história. Mas, o fato é que a Carta de 1937 trouxe à luz as razões, os motivos, os objetivos e os valores postulados pelo e no novo regime.

A Constituição de 1937 estabeleceu um modelo de atuação política a ser implantado na sociedade brasileira, tornou público um plano de ação, determinou os fins a serem alcançados, programando, estipulando, discriminando e estruturando as prerrogativas e funções tanto dos agentes do poder quanto dos cidadãos. Enfim, a nova Constituição foi um plano de vôo: com sua outorga, a adequação entre a rota traçada e as turbulências ocasionais foi contabilizada, sanada e/ou superada ao longo do decurso causal que entrou em cena.

Ao marcar o início de um jogo, o Estado Novo, em que esteve em cena e em teste contínuo o teor quantitativo e qualitativo do poder aferido e dos meios práticos de repressão e controle, concentrados por Getúlio, é um documento ao qual se deve dar a devida atenção.

BIBLIOGRAFIA

ABREU, Alzira Alves. O nacionalismo de Vargas ontem e hoje.
D'ARAUJO, Maria Celina. *As instituições brasileiras da era Vargas*. Rio de Janeiro: UERJ, FGV, 1999, p.119-36.
ABREU, Marcelo de Paiva. (Org.). *A ordem do progresso*. Cem anos de política econômica republicana. 4. ed. Rio de Janeiro: Campus, 1992.
ALVES, Eliete. *Alcântara Machado*: um perfil do intelectual e político paulista e o projeto do código criminal brasileiro (1937-42). Franca: São Paulo, 1989. Dissertação (Mestrado em História) – Faculdade de História, Direito e Serviço Social.
BEIRED, José Luis Bendicho. *Autoritarismo e nacionalismo: o campo intelectual da nova direita no Brasil e na Argentina (1924-1945)*. São Paulo, 1996. Tese (doutorado) – Faculdade de Filosofia, Letras e Ciências Humanas da Universidade de São Paulo, 1996.
BENEVENUTO, Estela Carvalho. A polícia política no Estado Novo: o Espelho da Ditadura. SILVA, José Werneck. (Org.). *O feixe e o Prisma*: uma revisão do Estado Novo. Rio de Janeiro: Jorge Zahar, 1991, v.I, p.71-7.
BENEVIDES, Cezar Augusto Carneiro. Infância e Civismo. *Anais do XVI Simpósio da Associação Nacional dos Professores de História*. *História em debate*: Problemas, temas e perspectivas. Rio de Janeiro: ANPUH/CNPQ/INFOUR,1991, p.65-72.

BERTONHA, João Fábio. Entre Mussolini e Plínio Salgado: O fascismo italiano, o integralismo e o problema dos descendentes de italianos no Brasil. *Revista Brasileira de História*. São Paulo: ANPUH, Humanitas, v.21, n.40, p.85-105, 2001.

BOBBIO, Norberto. *Estado, governo e sociedade*: por uma teoria geral da Política. Rio de Janeiro: Paz e Terra, 1987.

_____. *Teoria do ordenamento jurídico*. São Paulo: Polis; Brasília: UnB, 1989.

BOMENY, Helena. Três decretos e um ministério: a propósito da educação no Estado Novo. PANDOLFI, Dulce (Org.). *Repensando o Estado Novo*. Rio de Janeiro: FGV, 1999. p.137-66.

_____. Identidade nacional e patrimônio. *Ideólogos do patrimônio cultural*. Rio de Janeiro: IBPC/Deprom, 1991.

BRASIL. Senado Federal. *Constituição brasileira de 10 de novembro de 1937*. Brasília 1999.

CAMARGO, Aspásia. Carisma e personalidade política: Vargas, da conciliação ao maquiavelismo. D'ARAUJO, Maria Celina. *As instituições brasileiras da era Vargas*. Rio de Janeiro: UERJ; FGV, 1999a. p.13-53.

_____. Do federalismo oligárquico ao federalismo democrático. PANDOLFI, Dulce (Org.). *Repensando o Estado Novo*. Rio de Janeiro: FGV, 1999b. p.39-50.

CAMARGO, Aspásia et al. *O golpe silencioso*: as origens da República corporativa. Rio de Janeiro: Rio Fundo, 1989.

CAMPOS, Alzira Lobo de Arruda. A indústria Cultural da Revolução (São Paulo, 1930-1945). *Revista História*. São Paulo: UNESP, v.17/18, p.11-44, 1998-1999.

_____. *O Estado nacional*: sua estrutura, seu conteúdo ideológico. Rio de Janeiro: José Olympio, 1940.

CAMPOS, Francisco. *Direito constitucional*. São Paulo: Freitas Bastos, 1956, 2 v.

CANCELLI, Elizabeth . O poder de Polícia e o Mundo da Prisão na Era Vargas (1930-1945). *História e Perspectiva*. Uberlândia: UFB, v.7, p.47-64, jul./dez. 1992.

_____. Ação e repressão policial num circuito integrado internacionalmente. PANDOLFI, Dulce (Org.). *Repensando o Estado Novo*. Rio de Janeiro: FGV, 1999, p.309-26.

CANCELLI, Elizabeth. *O mundo da violência*: a polícia na era Vargas. Brasília: UnB, 1993.

CANDIDO, Antonio. *Literatura e sociedade*. 8. ed. São Paulo: T.A. Queiroz/Publifolha, 2000.

CANOTILHO, José Joaquim Gomes. *Constituição Dirigente e Vinculação do Legislador*. Coimbra: Almedina, 1988.

_____. *Direito Constitucional e teoria da Constituição*. Lisboa: Almedina, 1998.

_____. *O movimento de 1932 e a causa paulista*. São Paulo: Brasiliense, 1981.

CAPELATO, Maria Helena Rolim. Fascismo: Uma idéia que circulou pela América Latina. *Anais do XVI Simpósio da Associação Nacional dos Professores de História*. História em debate: Problemas, temas e perspectivas. Rio de Janeiro: ANPUH/CNPQ/INFOUR, 1991, p.51-63.

_____. *Multidões em cena*: Propaganda política no varguismo e no peronismo. Campinas: Papirus, 1998.

_____. Propaganda Política e controle dos meios de comunicação. PANDOLFI, Dulce (Org.). *Repensando o Estado Novo*. Rio de Janeiro: FGV, 1999, p.167-78.

CARNEIRO, Maria Luiza Tuci. O Estado Novo, o Dops e a ideologia da segurança nacional. PANDOLFI, Dulce (Org.). *Repensando o Estado Novo*. Rio de Janeiro: FGV, 1999, p.327-40.

CARONE, Edgard. *A república Nova* (1930-1937). São Paulo: Difel, 1974.

CARVALHO, José Murilo de. Vargas e os militares. PANDOLFI, Dulce (Org.). *Repensando o Estado Novo*. Rio de Janeiro: FGV, 1999a, p.341-45.

_____. Vargas e os Militares: Aprendiz de feiticeiro. D'ARAUJO, Maria Celina (Org.). *As instituições brasileiras da era Vargas*. Rio de Janeiro: UERJ, FGV, 1999b, p.55-81.

CASTAGNINO, Antônio Souto. *Repositório da legislação brasileira no Estado Novo*. Rio de Janeiro: A. Coelho Fº., 1938, 5v.

CASTRO, Ricardo Figueiredo. As esquerdas e o processo constituinte brasileiro de 1933-34: projeto e ação política. *História Social*. Campinas: PUCCAMP, n.2, p.55-88, 1995.

CAVALCANTI, Lauro. Modernistas, arquitetura e patrimônio. PANDOLFI, Dulce (Org.). *Repensando o Estado Novo*. Rio de Janeiro: FGV, 1999, p.179-89.

CORSI, Francisco Luiz. *Estado Novo*: política externa e projeto nacional. São Paulo: UNESP/FAPESP, 2000.

CRICK, Bernard. *Em defesa da política*. Brasília: UnB, 1985.

D'ARAUJO, Maria Celina (Org.). *As instituições brasileiras da Era Vargas*. Rio de Janeiro: UERJ, FGV, 1999.

DE DECCA, Edgar Salvadori. *1930: o silêncio dos vencidos;* memória, história e revolução. 5. ed. São Paulo: Brasiliense, 1992.

DE PAULA, Jeziel. *1932:* imagens construindo a história. Campinas/Piracicaba: UNICAMP/UNIMEP, 1999.

DINIZ, Eli. Engenharia institucional e políticas públicas: dos conselhos técnicos às câmaras setoriais. PANDOLFI, Dulce (Org.). *Repensando o Estado Novo*. Rio de Janeiro: FGV, 1999, p.21-38.

DULLES, John W. F. *Getúlio Vargas*: biografia política. 2. ed. Rio de Janeiro: Renes, 1976.

DUTRA, Eliana. *O ardil totalitário:* imaginário político no Brasil nos anos 30. Belo Horizonte/Rio de Janeiro: UFMG/UFRJ, 1998.

FALCON, Francisco José Calazans. Fascismo, autoritarismo e totalitarismo. SILVA, José Werneck (Org.). *O feixe e o prisma:* uma revisão do Estado Novo. Rio de Janeiro: Jorge Zahar, 1991, v.I, p.29-43.

FAORO, Raymundo. *Os donos do poder:* formação do patronato político brasileiro. São Paulo: Globo/Publifolha, 2000, v.II.

FAUSTO, Boris. O Estado Novo no Contexto internacional. PANDOLFI, Dulce (Org.). *Repensando o Estado Novo*. Rio de Janeiro: FGV, 1999, p.17-20.

FERREIRA, Marieta de Moraes. Apresentação. REMOND, René (Org.). *Por uma história política*. Rio de Janeiro: UFRJ/Fundação Getúlio Vargas, 1996, p.5-8.

FERRAZ, Tercio Sampaio Jr. Constituição brasileira e modelo de Estado: Hibridismo ideológicos e condicionantes históricas. *Revista dos Tribunais: Cadernos de Direito Constitucional e Ciência Política*. São Paulo: Parma, Ano 5, n. 17, out./dez. 1996.

FIGUEIREDO, Paulo de. *Aspectos ideológicos do Estado Novo*. Brasília: Senado Federal, 1983.

FONSECA, Pedro Cezar Dutra. *Vargas:* o capitalismo em construção. São Paulo: Brasiliense, 1999.

FRITSCH, Winston. *Apogeu e Crise na primeira República:* 1900-1930. ABREU, Marcelo Paiva. *A ordem do progresso*: cem anos de política econômica republicana 1889-1989. Rio de Janeiro: Campus, 1992, p.31-72.

GERTZ, René E. Estado Novo: um inventário historiográfico. SILVA, José Werneck (Org.). *O feixe e o prisma:* uma revisão do Estado Novo. Rio de Janeiro: Jorge Zahar, 1991, v.I, p.111-31.

_____. *História e historiadores:* a política cultural do Estado Novo. Rio de Janeiro: FGV, 1996.

_____. Ideologia e Trabalho no Estado Novo. PANDOLFI, Dulce (Org.). *Repensando o Estado Novo.* Rio de Janeiro: FGV, 1999, p.53-72.

GOMES, Ângela de Castro. A "cultura histórica" do Estado Novo. *Projeto História.* São Paulo: Pontifícia Universidade Católica de São Paulo. n.16, p.121-41, fev. 1998.

GOULART, Silvana. *Sob a verdade oficial:* ideologia, propaganda e censura no Estado Novo. São Paulo: Marco Zero, 1990.

HARDMAN, Francisco Foot. Antigos modernistas. NOVAES, Adauto. *Tempo e história.* São Paulo: Companhia das Letras, Secretaria Municipal de Cultura, 1992, p.289-305.

_____. Teoria do Estado. CARDOSO, Fernando Henrique; MARTINS, Carlos Estevam. *Política e sociedade.* 2.ed. São Paulo: Companhia Editora Nacional, 1983, v.1. p. 79-111.

HELLER, Hermann. *Teoria del Estado.* 2.ed. Buenos Aires: Fondo de Cultura Económica, 1988.

HESSE, Konrad. *Elementos de direito constitucional da República Federal da Alemanha.* Porto Alegre: Sérgio Antônio Fabris, 1992.

HOBBES, Thomas. *Leviatã* (ou matéria, forma e poder de um Estado eclesiástico e civil). São Paulo: Nova Cultural, 2000.

HOBSBAWM, Eric. *Era dos Extremos*: o breve século XX, 1914-1991. São Paulo: Companhia das Letras, 1999.

IANNI, Octávio. *A idéia de Brasil moderno.* São Paulo: Brasiliense, 1992.

JAHAR GARCIA, Nelson. *Estado Novo. Ideologia e propaganda política.* São Paulo: Loyola, 1990.

KANT. Imannuel. Direito no estado de natureza trad. Os elementos metafísicos da justiça. WEFFORT, Francisco (Org.). *Os clássicos da política.* São Paulo: Ática, 1991, 2v.

_____. *Sociedad y naturaleza: una investigación sociológica.* Buenos Aires: De Palma, 1954.

KELSEN, Hans. *Teoria geral das normas.* Porto Alegre: Sérgio Antônio Fabris, 1986.

KRISCHKE, Paulo J. *O contrato social.* São Paulo: Cortez, 1993.

LEAL, Victor Nunes. *Coronelismo, enxada e voto:* o município e o regime representativo no Brasil. 3.ed. Rio de Janeiro: Nova Fronteira, 1997.

LEBRUN, Gerald. *O que é poder.* 6.ed. São Paulo: Brasiliense, 1984.

LENHARO, Alcir. *A sacralização da política.* Campinas: Papirus, 1986.

LEOPOLDI, Maria Antonieta P. Estratégia de ação empresarial em conjunturas de mudança política. PANDOLFI, Dulce (Org.). *Repensando o Estado Novo.* Rio de Janeiro: Fundação Getúlio Vargas, 1999, p.115-33.

LOEWENSTEIN, Karl. *Teoria de la Constitucion.* Barcelona: Ariel, 1964.

MAGGIE, Yvonne. *O medo do feitiço.* É crime trabalhar no santo? Verdades e mentiras sobre a repressão às relíquias mediúnicas. Rio de Janeiro: IFCS/UFRJS, 1985.

MOTTA, Carlos Guilherme. Cultura brasileira ou cultura republicana. *Estudos Avançados.* São Paulo: Instituto de Estudos Avançados da Universidade de São Paulo. v.4, n.8, p.19-38, jan./abr. 1990.

NEUMANN, Franz. O conceito de liberdade jurídica. CARDOSO, Fernando Henrique; MARTINS, Carlos Estevam. *Política e Sociedade.* 2ªed. São Paulo: Companhia Editora Nacional, 1983. v.1, p.112-28.

OLIVEIRA, Lucia Lippi. Vargas; os Intelectuais e as raízes da ordem. D'ARAUJO, Maria Celina (Org.). *As instituições brasileiras da Era Vargas.* Rio de Janeiro: UERJ, FGV, 1999, p.83-96.

ORTIZ, Renato. Cultura, modernidade e identidades. SCARLATO, Francisco et al. (Orgs.). *Globalização e Espaço Latino Americano.* p.22-3.

_____. *Estado, cultura e identidade nacional.* São Paulo: Brasiliense, 1985.

PARANHOS, Adalberto. O coro da unanimidade nacional: o culto ao Estado Novo. *Revista de Sociologia e Política*. Curitiba, Universidade Federal do Paraná, n.9, p.25-46, 1997.
PARSONS, Talcott. O conceito de poder político. CARDOSO, Fernando Henrique; MARTINS, Carlos Estevam. *Política e Sociedade*. 2ªed. São Paulo: Companhia Editora Nacional, v.1, p.21-7, 1983.
PAULO, Heloísa. *Estado Novo e propaganda em Portugal e no Brasil:* O SPN/SNI e o DIP. Coimbra: Minerva, 1994.
PENNA, Lincoln de Abreu. *República brasileira*. Rio de Janeiro: Nova Fronteira, 1999.
PEREIRA, André Ricardo. A criança no Estado Novo: uma leitura na longa duração. *Revista Brasileira de História*. São Paulo: ANPUH, v.19, n.38, 1999, s.p.
PEREIRA, Maurício Broinizi. "Estado Novo: a constituição das bases do "partido militar" e do projeto "Brasil Potência". *Premissas*. Campinas: UNICAMP/Núcleo de Estudos Estratégicos, v.15/16, abr./ago. 1997, p.9-70.
PESAVENTO, Sandra Jatahy. Historiografia do Estado Novo: visões regionais. SILVA, José Werneck (Org.). *O feixe e o prisma:* uma revisão do Estado Novo. Rio de Janeiro: Jorge Zahar, 1991, v.I, p.132-9.
PINHEIRO, Paulo Sérgio. *Estratégias da ilusão:* Revolução Mundial e o Brasil 1922-1935. 2ª ed. São Paulo: Companhia das Letras, 1992.
PINTO, Sérgio Murilo. A doutrina Góes: síntese do pensamento militar no Estado Novo. PANDOLFI, Dulce (Org.). *Repensando o Estado Novo*. Rio de Janeiro: FGV, 1999, p.291-307.
POULANTZAS, Nicos. *Fascismos e ditaduras*. São Paulo: Martins Fontes, 1978.
REALE, Miguel. *Horizontes do direito e da história*. 2.ed. São Paulo: Saraiva, 1977.
REMOND, René. Do político. REMOND, René (Org.). *Por uma história política*. Rio de Janeiro: UFRJ/Fundação Getúlio Vargas, 1996a. p.441-50.
_____, Introdução. In: REMOND, René (Org.). *Por uma história política*. Rio de Janeiro: UFRJ/Fundação Getúlio Vargas, 1996b. p.9-11.
_____. Porque a História Política. *Revista Estudos Históricos*. Rio de Janeiro: FGV. v.7, n.13, 1994, p.9-19.

_____. Uma história presente. REMOND, René (Org.). *Por uma história política*. Rio de Janeiro: UFRJ/Fundação Getúlio Vargas, 1996c. p.13-36.

ROMANO, Roberto. *Conservadorismo romântico*: origens do totalitarismo. São Paulo: UNESP, 1997.

ROMITA, Arion Sayão. Justiça do Trabalho: produto do Estado Novo.

PANDOLFI, Dulce (Org.). *Repensando o Estado Novo*. Rio de Janeiro: FGV, 1999, p.95-112.

ROSANVALLON, Pierre. Por uma história conceitual do político. *Revista História*. São Paulo: Universidade Estadual Paulista, n.15, 1996, p.26-39.

SALDANHA, Nelson. "Nota para a edição brasileira". BOBBIO, Norberto. *A teoria das formas de governo*. Brasília: UnB, 1995.

SCHMITT, Carl. *O conceito do político*. São Paulo: Vozes, 1995.

_____. *Teoria de La Constitucion*. Madrid: Revista de Derecho Privado. s.d.

SCHWARTZMAN, Simon. (Org.). *Estado Novo*: um auto-retrato (arquivo Gustavo Capanema). Brasília: UnB, 1983.

_____. BOMENY, Helena Maria Bousquet; COSTA, Vanda Maria Ribeiro. *Tempos de Capanema*. Rio de Janeiro, São Paulo: Paz e Terra/Edusp, 1984.

SEITENFUS, Ricardo Antônio. *O Brasil de Getúlio Vargas e a formação dos blocos* (1932-1945). São Paulo: Nacional, 1985.

SILVA, Hélio. *1934*: a Constituinte. Rio de Janeiro: Civilização Brasileira, 1969.

SILVA, José Werneck (Org.). *O feixe e o prisma*: uma revisão do Estado Novo. Rio de Janeiro: Jorge Zahar, 1991.

SKIDMORE, Thomas. *Brasil*: de Getúlio a Castelo. 5. ed. Rio de Janeiro: Paz e Terra, 1976.

SODRÉ, Nelson Werneck. *A história militar do Brasil*. 3. ed. Rio de Janeiro: Civilização Brasileira, 1979.

SOLA, Lourdes. O golpe de 37 e o Estado Novo. MOTA, Carlos Guilherme (Org.). *Brasil em perspectiva*. Rio de Janeiro: Bertrand Brasil, 1988, p.256-82.

VIANA, Oliveira. *O idealismo da Constituição*. 2. ed. São Paulo: Companhia Editora Nacional, 1939.

VOEGELIN, Eric. *A nova ciência da política*. Brasília: UnB, 1979.

WEFFORT, Francisco (Org.). *Os clássicos da política*. São Paulo: Ática, 1991, 2v.

WEFFORT, Francisco. *O populismo na política brasileira*. São Paulo: Paz e Terra, 1986.

WEIL, Eric. *Filosofia política*. São Paulo: Loyola, 1990.

ZYCHOWSKI, Marian; ARNOLD, Satanislaw. *Esbozo de história de Polonia: desde los origenes hasta nuestros dias*. Varsóvia: Ed. Polonia, 1963.

SOBRE O LIVRO

Formato: 14 x 21 cm
Mancha: 25 x 41 paicas
Tipologia: Horley Old Style 10,5/14
Papel: Offset 75 g/m² (miolo)
Cartão Supremo 250 g/m² (capa)
1ª edição: 2008

EQUIPE DE REALIZAÇÃO

Edição de Texto
Antonio Alves e Adir de Lima (Preparação de original)
Adir de Lima, Maria Silvia Mourão e
Juliana Queiroz (Revisão)

Editoração Eletrônica
DuSeki

Impressão e acabamento